U0079245

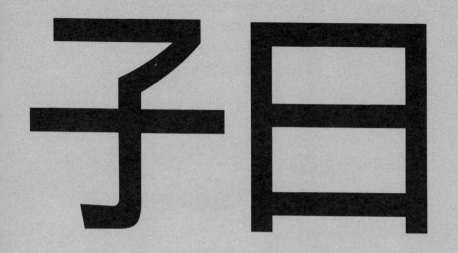

子曰

有教無類

論語要教孩子的事

李子誠 編著

國家圖書館出版品預行編目資料

子曰:有教無類：論語要教孩子的事 /
李子誠編著. -- 初版. -- 新北市：雅典文化，民105.03
　　　面；　公分. --（博學；14）
ISBN 978-986-5753-62-7(平裝)
1. 論語 2. 研究考訂

121.227　　　　　　　　　　　　　　　105000486

博學系列　　14

子曰：有教無類：論語要教孩子的事

編著／李子誠
責編／廖美秀
美術編輯／姚恩涵

法律顧問：方圓法律事務所／涂成樞律師

總經銷：永續圖書有限公司　　CVS代理／美璟文化有限公司
永續圖書線上購物網　　　　TEL：（02）2723-9968
www.foreverbooks.com.tw　　FAX：（02）2723-9668

出版日／2016年03月

 雅典文化

出版社　22103　新北市汐止區大同路三段194號9樓之1
TEL　（02）8647-3663
FAX　（02）8647-3660

前　言

　　隨著全球化浪潮的推進和科學技術的迅速發展，人們的精神生活受到了巨大的影響，人們的價值觀念、思維方式和行為發生了劇烈的變化，傳統的道德規範受到強烈的衝擊。如何走出道德衝突與困惑，培養適應現代社會發展的道德人格，是每個人都要應認真思考的問題。

　　現代人該如何追求人生的理想？如何規劃未來生涯？對於每個人而言，這兩個問題都不能迴避。我們要引導自己透過不斷學習，累積知識和經驗，依照現實環境，尋找出人生方向，同時在追尋人生理想的過程中，學會判斷和抉擇，澄清價值觀，培養解決問題的能力。當正確的價值觀和追求成為人生的標準配備，我們就擁有越多的價值，能夠進行更高的追求，也比別人有更多的競爭力！

　　對於傳統中國人所追尋的目標來說，儒家和道家對於理想人格而言，是一體的兩面，密不可分。用林語堂先生的話來講，中國每一個人的社會理想都是儒家，而每一個人的自然人格理想都是道家。這就是孔子的學生孟子所提出的「窮則獨善其身，達則兼濟天下」。一個人在顯達的時候能以天下為己任，在困窘之時不放棄個人修養，心懷天下，這就是孔子所推崇的「君子」。

必須指出的是，孔子並不否認個人利益的存在。相反，他的倡導是以保障每個人利益最大化為前提，盡量為社會做更多的事情。當然，孔子認為謀求個人利益的時候要走正路，不可以一心想走捷徑，貪小便宜。孔子認為，正路和捷徑，是君子和小人的區別。君子走的始終是一條適宜的正路，而小人則一心看重私利，在私利驅使下很容易走上邪路。

　　在《論語》中，孔子也講述了為什麼要學習、學習的好處、以及如何正確學習，如何靈活運用知識等等。孔子的不斷學習、追求上進的思想，為將來在社會上安身立命奠定良好的基礎。在知識、科技飛速發展的社會，本書將協助您培養良好的學習習慣，積極投身實踐，以成為一個符合社會需要的人。

第一章
《論語》中的修身養性智慧

　　為了便於孩子理解和迅速把握原文的核心內容，以獲得更多的收益，我們沒有按照論語原文的順序進行講述，而直接從孔子極力倡導的「修身、齊家、平天下」中的「修身」講起，由淺入深，讓孩子明白「欲成事，先成人」的道理。

　　學會做人是每個孩子都必須重視的課題。

　　要學會做人，就必須學會自律；要學會自律，必須學會修身。因此，孔子的教育重點就是修身。修身是做人的學問，是中華傳統文化重要的成分，是東方人生哲學的核心，也是做人的道理。它對人格的形成、道德觀的教化、民族素質的提升顯得更為重要。

　　孔子說過的很多話，即使是在千年後的今天，也有很大的教化作用，跟著本章一起體會吧！

第二章
《論語》中的追求抉擇智慧

孔子並不否認個人利益的存在。相反地,他倡導的是,以保障每個人利益最大化為前提,盡量為社會做更多的事情。也就是他的學生——孟子所提出的「窮則獨善其身,達則兼濟天下」的思想。

在資訊爆炸的現代,正確的價值觀及精準的判斷力,儼然成為人生的標準配備,一個人擁有越多的價值,追求越高的標準,他就比別人擁有更多的競爭力!

第三章
《論語》中的學習上進智慧

我們要培養的是能夠適應這個社會需要的人，而不是資格越來越老，本事越來越小的人。因此，我們必須重視學習，積極投身實踐。我們要以有智慧的方式，不間斷的學習，讓自己永遠處在從一個頂峰向另一個頂峰前進的過程裡。使少年時期享有的「年齡優勢」真正轉化為社會永遠需要的「知識優勢」、「才能優勢」或「事業優勢」。要知道走不走得到是能力問題，走不走卻是態度問題。

第四章
《論語》的中庸為人智慧

《論語》所記載的，就是孔子從生活中演繹出來，為人處世的經驗。

孔子講解如何為人時，反覆強調「中庸」理念。所謂「中庸」就是寬容和接納異己，設身處地為人著想，聆聽別人的心聲，和諧人際關係。

如果孩子在與人交往處世的過程中，記得把握這些原則，就能讓自己成為一個使他人快樂的人，讓自己快樂的心像陽光般，照亮別人，溫暖別人，自己也能因此得到積極的反饋。

人如果對自己要求嚴格一點，對別人就會厚道一點。厚道並不是窩囊，而是他可以包容並悲憫別人的過錯，可以設身處地，站在別人立場上想問題。

第五章
《論語》的忠恕處世智慧

中華傳統文化是以人倫為中心的文化，家庭有家庭倫理，社會有社會倫理，人與人之間有人倫。倫理的中心思想就是「和」，在處理人與人、人群與人群、國家與國家關係的過程中，總是以「和」為貴。

怎麼才能到達「和」呢？用孔子的話說，就是「愛人」。這「愛人」其實是《論語》處理社會人際關係的基本原則，具體一點就是「忠恕」。「忠恕」是什麼？就是「己欲立而立人，己欲達而達人」，自己想達到什麼目的，就先讓別人得到滿足。與此相對應的是「己所不欲，勿施於人」，自己不喜歡的，不要給別人；自己接受不了的，不要強加於人。

第六章
《論語》的決策管理智慧

　　《論語》中的決策管理智慧，其實也是值得孩子們認識的重點。也許有的家長覺得孩子還小，學習決策管理的智慧太早了，這種想法恐怕顯得缺乏遠見。早些讓孩子們理解決策和管理的過程，才能早點適應社會發展的需要。

　　面對多變的環境，青少年們學會決策，學會管理，漸漸成為一個熱門話題。培養青少年的組織管理能力是當前教育的重點之一，包括：交流能力、協調能力、合作能力、統籌能力、處理訊息能力、掌握機會能力、應變決策能力等。各種以培養未來領袖為號召的夏令營，也一窩蜂得到了家長和孩子們的熱烈參與。

　　《論語》中的「堯曰」明確提出治國的方法、途徑和心態。孔子的管理原則倡導由高尚品德的人來帶領，以潛移默化的方式影響老百姓，提升全人類的素養，用最和諧的方式來達到促進社會發展的目地。

　　孔子認為君子的三畏之首是「畏天命」。孔子所說的「天命」附屬在「規律」上。也就是說，只要跟隨了正確的規律，掌握了準確的訊息，選擇了正當的道路，就能使自己的人生和事業按照良好的軌跡自行發展，實現「無為而治」的理想目標。

目錄

第一章
《論語》中的修身養性智慧

　　為了便於孩子理解和迅速把握原文的核心內容，以獲得更多的收益，我們沒有按照論語原文的順序進行講述，而直接從孔子極力倡導的「修身、齊家、平天下」中的「修身」講起，由淺入深，讓孩子明白「欲成事，先成人」的道理。

　　學會做人是每個孩子都必須重視的課題。

　　要學會做人，就必須學會自律；要學會自律，必須學會修身。因此，孔子的教育重點就是修身。修身是做人的學問，是中華傳統文化重要的成分，是東方人生哲學的核心，也是做人的道理。它對人格的形成、道德觀的教化、民族素質的提升顯得更為重要。

　　孔子說過的很多話，即使是在千年後的今天，也有很大的教化作用，跟著本章一起體會吧！

必須要重視品德修養

論語原文

子曰：「德之不修，學之不講，聞義不能徙，不善不能改，是吾憂也。」

譯解

孔子說：「品德不加以修養，學問不加以講求，聽到了仁義而不遵循實踐，不對的地方不能改正，這些都是我的憂懼。」

孔子指出，對於君子來說，除了理想和追求外，道德修養也極為重要，要經得起困難的考驗，「歲寒而知松柏之後凋也。」看到賢德之人就向其學習；看到不好的就引以為鑒，反省自己，「見賢思齊，見不賢而內自省也。」他說：「君子關懷的是道德修養，小人關心的是土地。君子關心仁義，小人關

心物質利益。君子能反省自己，小人則怨天尤人。君子不斷地提升自己的人生境界，小人則不斷走向沉淪。」可見，孔子心目中的君子是有道德修養的人，小人是指缺乏道德修養的人，而聖人則是指對道德理想圓滿實現的人。

《論語》中還有這樣一句話：「惡紫之奪朱也，惡鄭聲之亂雅樂也，惡利口之覆邦家也。」意思是，「我厭惡用紫色代替紅色；厭惡用鄭國的音樂搞亂古雅的音樂，厭惡用花言巧語的利口顛覆國家。」春秋時代視紅為正色，視鄭國的民間音樂為淫聲俗樂。許多諸侯的服裝用紫色代替紅色，用鄭聲代替廟堂音樂，讓孔子產生不安和厭惡。人們常把這幾句話解釋成是孔子的保守思想，其實這是孔子主張「正」，提倡「君子」的說法之一，不能讓歪門邪道取正道而代之。

一個人要想過美好而成功的生活，就必須具備與之相符的良好道德品格。品格是道德問題的核心，而追求良好的品格，其實就是追求全面的「個人卓越」與「人際卓越」。想要達到真實、全面、令人深感滿意而且可以長久的個人卓越境界，就必須要擁有良好的品格，良好的品格是倫理道德的核心。好的品質大致包括以下的元素：正直、誠實、耐心、勇氣、仁慈、寬容、富於責任感等。

一旦確立了自己的道德標準，以之作為倫理的指南，在生命的航船受到誘惑的狂風襲擊時，就不致偏離航向。不幸的是，

大多數人並沒有十分堅定的道德信仰，因此，一旦遇到困難，往往很容易被擊敗。在努力邁向成功的過程中，道德品格發展的重要性，絲毫不遜於智力的發展，也不遜於持續提升的感受能力，以及表現技巧。如果未能培養良好品格，便不可能實現真正成功的人生。因為，如果沒有正確的能力去評估怎樣做最合乎自己的利益，便容易追求錯誤的夢想，以一種自我毀滅的方式去行事。如果沒有伴隨品格而生的智慧，往往會優先追求眼前可以帶來快樂或其他利益的事物，並因此將焦點集中於眼前。然而，短期看起來好的事物，以長遠的觀點看卻未必盡然。事實上，假如沒有伴隨品格而來的洞察力、自我約束力以及耐性，我們便難以平穩地邁向全方位的自我完美。反之，如果我們能建立起堅強的道德性格，就可以掃除眾多的障礙，獲得個人真正的成功。

　　品格對於成功還有另一方面的貢獻。絕大多數的團體成就或個人成就，都需要透過他人的協助與合作。但是，除非他人被我們所吸引，進而喜歡我們，信任我們，否則就不容易伸出援助之手。要讓對方相信與我們攜手共進是一件好事，否則他們不會樂意參與。我們必須直接讓他們看到計劃可能帶來的成就，說服他們，使之相信伸出援手能夠為他們帶來好處。而無論如何，最終成功與否還必須靠我們自己的優良品格。

　　同時，要實行任何策略或計劃，必須以堅實的道德基礎

開始。沒有這樣的基礎，任何一個人都注定要失敗。要確立自己的道德基礎，必須先確定你的信仰是否符合道德，是否符合倫理，是善還是惡。如果這些要點沒有事先建立，那麼我們的行動無疑是建立在一時衝動的幻想、激動抑或暫時滿足的基礎上，這樣的人，不具有堅定的是非標準，以「情境決定的倫理觀」來行動的人，必定要導致失敗。所以，在我們擁有才智了以後，更需有明確、簡明的道德標準。

將仁、智、勇作為君子的三大條件

論語原文

子曰：「里仁爲美。擇不處仁，焉得知？」

子曰：「不仁者不可以久處約，不可以長處樂。仁者安仁，知者利仁。」

譯解

孔子說：「居住的鄰里中，呈現親厚的仁風，這是最美好的。假使不選擇仁厚的鄰里，卻隨意居住，怎能算是有智慧的人？」

孔子說：「不仁的人不能長處在窮困的環境中，也不能長處在安樂的環境中。有仁德的人是安於實行仁德的，有智慧的人，只要有利於推行仁的事就會去做。」

「仁」是孔子學說的核心，這個字在《論語》中出現百次以上，其含義在學術界爭論達兩千年之久仍無統一結論。這一問題的產生，實際上與孔子本身的生活體驗與人生經歷密切相關。當時孔子身為新興知識份子，無權無勢，除了依靠人生閱歷所產生的智慧之外，再無在社會上立足的資本。

他從維護氏族血緣的倫理情感出發，強調以「仁」求「禮」的途徑。這本是因為當時禮樂之道崩壞，諸侯坐大，以周天子為代表的家長制宗法社會漸漸無法用外在權威維護其統治，孔子只好轉而改由意識形態著手的權宜之計，卻因此產生了意想不到的效果。從此，復興周禮由訴諸武力變成了訴諸思想，這一偉大的事業，於是靠著能夠提出思想見解的士人，即懂得「仁」的知識份子來承擔，這種知識份子就是孔子所說得「君子」。即使如此，什麼樣的人是得「仁」的君子，什麼樣的人是棄「仁」的小人，即使是當時的孔子，仍然很難以具體的文字說明。

由於孔子一直用「仁」而不直接以「人」來提倡他的學說，因此，表述「仁」的各種言論成了《論語》的主要內容，而對「仁」的理解和實踐，成了對自我人格的塑造。

在孔子以前，仁這一概念就已經存在了，像《尚書》、《詩經》、《國語》等書中就經常使用仁字。但這些書籍對仁的定義是零碎而沒有系統的，解釋也並不明確。孔子在哲學上的一

大功績，就是充分表達仁的含義，使它成為其哲學思想的中心。在論語中，孔子對仁有如下幾層含義：

其一，仁者愛人。

有一次，他的學生樊須問他什麼是仁，他回答說：「愛人。」「仁」這個字由「二」及「人」兩字組成，有處理人與人的關係之意，引申為愛人。愛人是仁的基本含義，也是孔子仁學思想的首要含義。

孔子的學說，本質上是一種為人的哲學，是一種躬身修己之學。簡單來說就是如何培養人、造就人、完善人的學問。這種學問與其說是人生的理論，不如說是人生的實踐，一旦脫離了人群，脫離了你自身所處的人際關係也就無法實踐仁了。舉例來說，「愛人」必須有愛者和被愛者，失去了任何一方，愛人就不能成立了。

孔子的愛人是一種古典而原始的人道主義。據《論語》記載：當馬廄失火後，孔子當下即問傷著人沒有，而不問傷著馬沒有。可見在他的心目中，馬的價值與人是無法比擬的，故而只問人而不問馬。他有句「老者安之」，「少者懷之」的名言，這句話展現出他對人的態度，在今日，這句話就是尊老愛幼。尊老愛幼，幾千年來，一直是我們民族的美德，這一美德的形成與孔子的思想很有關聯。

不過孔子的愛人並非是無差別、無等級的抽象之愛，它是

建立在「尊尊」、「親親」的宗法社會關係之上。所謂「尊尊」就是無條件地尊敬長輩和上司,「親親」就是無條件地親近、愛護自己的親屬。孔子認為尊尊和親親是愛的基礎,也是仁的出發點。他所講的愛也就是將自己對親屬的愛擴及於他人、國家、社會。但如果這種愛人有了局限性,如父親做了壞事,他要求兒子為父親隱瞞,相反,兒子做了壞事,父親也為兒子隱瞞。所謂:「子為父隱,父為子隱,直在其中矣。」這種「直」實質上是對罪惡的寬容,是應當加以摒棄的。

其二,克己復禮為仁。

克己復禮就是克制自己的慾望,努力使自己的言行符合禮制。孔子最得意的學生顏回曾請教他什麼是仁,他說:「克己復禮就是仁。一旦實現了克己復禮,天下就歸於仁政了。」顏回進一步問他,如何才能達到克己復禮呢?他說:「非禮勿視,非禮勿聽,非禮勿言,非禮勿動。」即做到視聽言動符合道德規範,不能超越道德的界限。這種仁實際上是一種自我克制,自我約束,以達躬身修己的目的。

仁者愛人是就對像而言,克己復禮為仁則是就自身而言的。在孔子看來,只有真正使自己的視聽言動符合禮的規定,達到克己復禮,才能從最終意義上實現愛人的目標,也才能產生對他人愛護的感情。

從另一個角度講,對他人關心程度如何,又是衡量一個人

克己復禮的外在標準。克己是修身，愛人是安人。故君子「修己以安人」，「修己以安百姓」是仁的圓滿實現。

其三，仁是推己及人的情懷。

推己及人就是人們通常所說的將心比心。孔子說：「夫仁者，己欲立而立人，己欲達而達人。」又說，「己所不欲，勿施於人。」這兩句話從不同角度表達了同一個意思，那就是推己及人。前者是從積極的角度講推己及人，它告訴人們，自己既有建功立業的願望，就該明白要幫助他人建功立業的道理。後者是從消極的角度講推己及人，它告訴人們，自己不願接受的痛苦、打擊、磨難，就不應當施加於其他人。這種推己及人的情懷實際上是對修己安人的進一步規定，也是對愛人這個原則的具體化。

做為一個仁者、一個有愛心的人，起碼要要做到修己安人。而推己及人就是修己安人的有效方式和方式。人人都做到了這一點，人們之間的爭名奪利，人世間的摩擦糾葛、衝突不安也就化解了，人們也因此而協調、和諧。因此，推己及人這一原則，至今仍然是人們應對進退、待人接物應遵循之道。

其四，仁就是人。

《禮記·中庸》記載孔子的話：「仁者，人也。」這就是說仁是人的本質，是人之所以為人的根據。一個人失去了仁，就不可能成為理想、完善、純粹的人。由此，我們認為孔子的

仁學，就是關於人的哲學。在論語裡，仁的覺醒，實質上是自我意識的覺醒，是對人類本質的一種顯現。這種人學在春秋時期代表著劃時代的意義。

殷周以來，神學一直支配著思想，人們認為萬能的上帝主宰了自然界和人類社會的一切活動。春秋以後這種主張不斷遭到先進思想家的質疑及否定。人們開始由崇拜神轉而為注重人，這樣的轉換正是反映於孔子的仁學思想。雖然在孔子思想中，仍留有天命神學的影子，譬如他要求人們「知人命」、「畏天命」，但是在其理論體系中，處於核心位置的，永遠是人，神則是次要。當有人問他如何侍奉鬼神時，他毫不猶豫地回答：「未能事人，焉能事鬼？」要人們「敬鬼神而遠之」。這種思想在當時的歷史條件下，無疑是相當進步的。

仁是孔子哲學的最高範疇，研究仁是他思想體系的中心。孔子以仁為中心，建立起自己的人本哲學體系。在倫理領域裡，仁就是孝悌與忠恕；在政治領域裡，仁就是實行德治；在教育領域裡，仁就是有教無類。仁既是其哲學的起點，也是終點。仁既是對人們的起碼要求，又是人之所以為人的最高境界。

加強自我規範行為的能力

論語原文

子路問君子。

子曰：「修己以敬。」

曰：「如斯而已乎？」

曰：「修己以安人。」

曰：「如斯而已乎？」

曰：「修己以安百姓。修己以安百姓，堯舜其猶病諸！」

譯解

子路問怎樣做才能成為一個君子。

孔子說：「加強自己的修養而形成嚴肅謹慎的品質。」

子路問：「這樣就可以了嗎？」

孔子說：「加強自己的修養而使家人安樂。」

子路又問：「這樣就可以了嗎？」

孔子說：「加強自己的修養而使百姓安樂。不過，這一點，就連堯舜都感到力不從心呢！」

孔子所教導的就是如何生活，他所說的生活也很簡單平實，就是「修己愛人」，「修己以敬」，「修己以安百姓」。修己就是加強自我道德意識的培養；安人、安百姓就是將自己的仁德外化到社會中去，使他人、使百姓都感覺到你的好處。

這裡，孔子把管理者在「修己」、「治人」上劃分成三個等級。其中，最低等級是「修己以敬」，也就是做一個普通有道德的人；第二等級是「修己以安人」，這是說，不僅自身要有道德修養，在與人交往時，要能使周圍的人得到恩惠，並且受到道德教化；第三等級是「修己以安百姓」，即個人道德修養好了，還要能使所管理的百姓相安無事，使他們無所埋怨，安居樂業，且都在道德上能受到教化。

由「修己以敬」進到「修己以安人」，再發展到「修己以安百姓」是每一個管理者都應為之奮鬥的。其中，「修己以敬」，意思指自身修養是基礎，是根本；到了「修己以安百姓，」就是修養自身以達「治人」的目的。由此可見，孔子十分強調

管理者的修養，又為「修己」確立了十分明確的目標。

　　從上述的分析可以看到，孔子的「修己」是以群體（家、國、天下）的完善（齊、治、平）為目標的，其方式是透過加強規範自身行為的能力來達到的。

　　人的品格是在後天形成的，人有規範自我行為的能力，但這樣的能力，必須經過開發和訓練，才能逐步形成正確的價值觀。歷史上曾提出過的個人道德修養學說，包括孔子對執政者所倡導的「修己以敬」、「修己以安人」、「修己以安百姓」等觀點，都強調了人們在制定規範時，應具備的一定程度品格修養。一般而言，規範行為能力的培養主要有以下三種途徑。

　　一、培養自省能力。

　　人們必需要開發自我反省的能力，在自己內心深處用高道德標準檢查、反省，找出品格缺陷，諸如壞習慣、不良意圖、錯誤念頭等，以分析、批判的基礎上，確實克制。與此同時，還要注重學習，從感性層面上升到理性層面，但是仍必須與內省結合。如果只學習而不內省，學的再多也無益處，難以提高品格；而如果只內省不學習，猶如井底之蛙，不但無法提高知識水準，也難以養成良好的品格，而達到較高的道德境界。

　　我國自古以來就非常重視內省。孔子的學生曾參要求自己：「吾日三省吾身」。孟子則要求「守氣不動心」、「寡慾」和「盡心知天」，即要守住志氣，不因利害得失、環境誘惑而

動搖自己的志向;不要因為物質慾望而喪失良心,破壞「五倫」秩序;充分瞭解自己的內心,把「善心」存起來以知「天命」,達到品格修養的最高境界。程頤則倡導誠敬、致知、集義,就是內心專一,不陷邪思。使不善之心無以感動,無以得發;積極求知;內心信仰「義」,行動符合「義」,從而產生浩然之氣。

有許多名人一生先天下之憂而憂,後天下之樂而樂,為國為民,事必躬親,鞠躬盡瘁,死而後已。他們一生謙虛謹慎,不驕不躁,心懷坦蕩,光明磊落。對國家和人民的貢獻猶如滔滔江河,卻從不居功自傲;雖身居要職,地位顯赫,但從不鋒芒畢露,盛氣凌人。總是尊重別人,總是對人溫和誠摯。他們的胸懷清澈如山泉,品格光輝如日月。就是因為他們無時無刻對自己的行為、言論、思想進行的反思和自省,並確實實踐。

二、從點滴做起。

良好品格的形成,需要從點滴做起,注意從小處下工夫恪守循序漸進的原則,還需要靠高度的警覺和自律才能夠做到。

勿以善小而不為。小善雖微不足道,但可以持續地保持善行,培養心中的正確的道德觀念,使其不斷積累和成長壯大,並能從點滴小事做起。三國時期的劉備曾告誡他的兒子劉禪:「勿以惡小而為之,勿以善小而不為」。因為「小隙沉舟」,「螻蟻之穴,可潰千里長堤」。荀子指出:「積土成山,風雨興焉;積水成淵,蛟龍生焉;積善成德,而神明自知,聖心備焉」,「故

不積跬步，無以至千里；不積細流，無以成江海」。高尚的品格不是一夜就能養成的，它需要一個長期的積累過程。只有不棄小善，才能集成大善。平時不檢點，不積善，隨興散漫，以為有朝一日碰上緊要關頭，定會挺身而出，這是根本不可能的。平時不注意改掉小毛病、小缺點、小過失，對自己姑息原諒，日後必會釀成大錯，出大問題。

慎獨自者，表裡如一。先哲尤其推崇這種品格修養方法。這種方法強調在無人監督時，不僅不可放鬆，還要更加注意堅持自己的道德信念，不受外界的引誘，能做到「不動心，不伸手，不邁步」，在「隱」和「微」上下工夫。當人們獨處單行時，他人看不見，聽不到，最易放鬆言行，不注意用良知和規範來要求自己，最容易僥倖獨行。因此，必須堅持慎獨自者，表裡如一，去除譁眾取寵之心，做到無論當下有沒有人監督，原則都一樣。不容許任何邪惡的念頭支配行動，不去做任何不符合原則和道德規範的事，這樣才能防微杜漸，使自己的品格經得起任何環境的考驗，達到至善的境界。

三、改變不好的習慣。

如果你想改變你的某種天性，那麼你訂立下來的的目標不要太大也不可太小。目標太大會由於遭受挫折而灰心。目標太小則會由於進度緩慢而洩氣。在努力中不妨做些能鼓勵自己情緒的事情，猶如初學游泳者借助浮板一樣。一旦有進步，一定

要再從嚴敦促自己，猶如練功的人縛著重物走路一樣。這種苦練比任何方式都難，所以效果更加顯著。

此外古人還認為，矯枉不妨過正，用相反的習慣來改造天性，有時太過也不見的都不好。只是要注意，這相反的習慣可別又是另一種不良習慣。在建立好習慣的過程中，不宜持續緊張，有機會就要時時回顧一下努力中的成績和失誤。

人不能太相信天性，因為天性是狡猾的，它可以在你警惕時潛伏，當你放鬆時又再出現。面對自己時，人的天性是最容易顯露的，因為那時你不必掩飾。還有在激動的時候，也常使人忘記了自制。

有的人天性正好適合他的工作要求，這是很幸福的事。但是，能勉強自己做與其天性不相合的工作的人，則是有毅力的。因此如在治學方面，對於最不喜歡的學科，就要強迫自己遵守固定的進度。但對於愛好的學科，就不必如此了，因為思想自然會帶著你向前跑去。天性好比種子，它可能長成香花，也可能長成毒草，所以人應當時時檢查，以培養前者而拔除後者。

不要把學禮知禮當作小事

論語原文

陳亢問於伯魚曰：「子亦有異聞乎？」

對曰：「未也。嘗獨立，鯉趨而過庭。曰：『學《詩》乎？』對曰：『未也。』『不學《詩》，無以言。』鯉退而學《詩》。他日又獨立，鯉趨而過庭。曰：『學禮乎？』對曰：『未也。』『不學禮，無以立。』鯉退而學禮，聞斯二者。」

陳亢退而喜曰：「問一得三，聞《詩》，聞禮，又聞君子之遠其子也。」

譯解

陳亢問孔鯉（孔子的兒子）說：「您從老師那裡受到過與眾不同的教育吧？」

孔鯉回答：「沒有。他曾經一個人站在庭中，我恭敬地走過。

　　他問我：『學《詩》了嗎？』我說：『沒有。』

　　他便說：『不學《詩》，就不懂得說話。』我退下後便學起《詩》來。

　　又有一天，他還是一個人站在庭中，我恭敬地走過。

　　他又叫住我問：『學禮了嗎？』我說：『沒有。』

　　他便說：『不學禮，就無法立身。』我退下後便學起禮來。

　　要說有什麼特別的教育，就這樣兩次吧！」

　　陳亢出來後很高興地說：「我問一件事得知了三件：明白了學《詩》的意義，得知了禮的重要，還得知君子不偏愛自己的兒子。」

　　《詩》就是《詩經》，由孔子刪削編定，在孔子看來，「《詩》三百，一言以蔽之，曰『思無邪』」，不僅「思無邪」，而且「可以興，可以觀，可以群，可以怨，邇之事父，遠之事君，多識於鳥獸草木之名。」《詩》在當時簡直就是一部百科全書。無論是外交談判還是社交場合，引《詩》蔚為風氣，所以孔子說「不學《詩》，無以言。」

至於說禮的重要性，那就更是不言而喻的了，禮是社會成員共同遵守的行為規範，古代的禮相當於我們今天的法。所以孔子說：「非禮勿視，非禮勿聽，非禮勿言，非禮勿動。」禮既然具有如此重要的意義，一個不學禮，不懂禮的人怎麼能夠在社會上立身處世呢？這就是「不學禮，無以立」的道理所在。

　　「禮」這個字，在《論語》中出現了七十五次，由此可見，它的涵意非常豐富，在不同的場合，孔子對於禮曾指出過不同的要點，概括起來，主要有以下幾個主題。

　　第一是指周禮，就是周公所制定的西周禮制。

　　孔子特別推崇周公，他說：「甚矣吾衰也！久矣吾不復夢見周公。」他感歎自己的年衰，居然許久沒有夢見周公了！程子分析：「由這句話可以知道，孔子盛年的時候，『寤寐長存周公之道』」。孔子之所以崇拜周公，是因為周公所創的那套制度的文明和完美。他說：「周監於二代，鬱鬱乎文哉！吾從周。」意思是說，周禮依據夏、商兩代為政得失而制定的，典制璨然大備，足以為萬世規鑒，所以他表示了「從周」的立場。

　　眾所周知，西周開國之初，周公制禮作樂，奠定了中國傳統文化的基礎。這套制度之所以為後世稱道，因為它是以道德為核心而建立起來的，由此確立了道德在治國理念中的主導地位，這對於中國歷史的發展方向，產生了極為深遠的影響。到了春秋時期，由於種種原因，這套制度瓦解了，世道大亂，禮

崩樂壞。貴族們為了權和利，彼此征戰不息，所以自古有「春秋無義戰」的說法。孔子嚮往周公之禮，既是他對春秋亂世的不滿，也是他對西周道德禮制的嚮往，這是無可厚非的！如果孔子持了相反的態度，讚美春秋亂世，可就有點匪夷所思了。

第二，禮是展現德治、仁政的途徑。

周公最早提出「德治」的理念，孔子又提出了「仁」的思想，這在思想史上具有重要意義。但是，德和仁都是非常抽象的概念，無形、無色、無聲、無嗅。對於知識程度較低的人來說，甚至會覺得虛無縹緲。而禮就是把德和仁具體化的制度或者行為方式。先秦歷史上有儒法之爭，爭論的焦點，是實行禮治還是法治。法家認為，政令的推行要依靠法，凡是不從令者，就用刑罰加以懲處，這樣，老百姓就不敢作亂了。而儒家則主張以道德教育為主，透過禮來規範民眾的行為。孔子評價這兩種治國之道時，說過一段非常有名的話：「道之以政，齊之以刑，民免而無恥；道之以德，齊之以禮，有恥且格。」他認為，「道之以政，齊之以刑」的結果是「民免而無恥」，老百姓不去觸犯法律，是因為畏懼刑罰，他並沒有羞恥之心。而「道之以德，齊之以禮」，用禮來維持道德目標的實現，結果就不同了，老百姓因為有了羞恥之心，不僅不會去做壞事，而且還會有「格」，就是有上進心。

禮是展現德和仁的具體形式，離開了德和仁，禮就不成禮

了。孔子說：「人而不仁，如禮何？人而不仁，如樂何？」一個內心沒有仁愛之心的人，怎麼會去推行禮和樂呢？就是說，推行禮的人首先應該是一名仁者，一名富於愛心的人。可見，禮與仁是互為依存，相輔相成的。

第三，禮是修身的方式。

如果在人類社會中，任何人都可以放縱自己的行為，那麼，人就和禽獸沒有了區別，社會也就沒有了秩序，無法再維持下去。所以，儒家和法家，儘管主張不同，但都認為人的行為是需要約束的。雙方的分歧在於，究竟用什麼來約束人。孔子主張用內在的道德力量來約束自己，他說：「君子博學於文，約之以禮，亦可以弗畔矣夫。」作為一名君子，一方面要「博學於文」，廣泛地學習文獻，積累深厚的知識，同時要「約之以禮」，用禮來約束自己的言行，因為禮是根據道德原則制定出來的。只要在這兩方面都做好了，就一定可以做到「弗畔」，也就是不背離道德了。

人性都有天生的缺陷，每個人的性格都有弱點。因此，無論是哪種性格的人，如果不借助禮，都達不到理想的境界。孔子舉例說，恭敬而不懂得禮的人，就會空自勞碌。謹慎而不懂得禮的人，就會顯得膽小。勇敢而不懂得禮的人，就會作亂。直率而不懂得禮的人，就會說出傷人的話。平心而論，恭、慎、勇、直這四種性格都不是什麼壞毛病，然一旦離開了禮的指引，

都不會產生「正果」。

在《論語》中，禮是與仁同一層次的概念，在孔子的思想中佔有重要地位。一般說來，禮主要是就社會秩序而言，仁主要是就個人的道德自覺而言。從某種意義上說，禮是社會的，仁是個體的。維護宗法社會等級制度的尊嚴，嚴格區分尊卑長幼親疏，使人人各安其位、各守其業是禮的主要功能。孔子強調「君君、臣臣、父父、子子」，即君要像君，臣應像臣，父應像父，子應像子。這就明確告訴人們：每一個人都有自己特定的社會角色，超越了自身的社會角色，就是對禮的踐踏。這就表明禮是從整個社會結構的角度去規範人，要求人。仁則不同，它不是從人的社會角色的方面審視人，規定人，而是從自身出發，去感召、奉獻於人。所謂「仁者愛人」，「己欲立而立人，己欲達而達人」，都是以行為者自身為始點，推己及人的。可以說，禮是從社會的角度去規範人，而仁則是從自身的角度投射於社會。在禮面前，人有貴賤之分，長幼之序，親疏之別；在仁的信念下，人人都是道德原則的承擔者，人人都具有實現仁德的潛能，人人平等。禮是規則，一違即錯，仁是美德，進德修業，永無止境。

總之，孔子所說的禮，是指以道德為內涵的國家典制，是德與仁的具體表現，也是修身的法則。孔子關於禮的見解，在兩千多年之後的今天，對我們仍有重要的啟示，值得我們借鑒。

對於現代人來說，注重「禮」，就是講禮貌。在生活中，千萬不要認為對人有禮貌是細枝末節的小事。

在擁擠的公共汽車上常常遇到這樣的事：一個人不慎踩了另一個人的腳，這個人馬上誠懇地向對方表示歉意，說：「對不起！」被踩的人雖疼痛未消，卻也表示了諒解：「沒關係！」同樣情況，而在一些乘客中有時卻會出現另一種局面：踩人者無動於衷，被踩者破口大罵。於是開始了一場舌戰：「你瞎啦？為什麼踩人？」「你才瞎咧，沒看見車上那麼擠！怕人家踩，不會去坐計程車嗎！」你來我往，吵得不可開交。

同一件事，為什麼有截然不同的態度、截然不同的結果呢？很簡單，只因前者知禮，後者無禮——可見啊，我們絕對不可小覷這聲「對不起」，它可以化干戈為玉帛，使一場令人厭煩的無謂爭吵化為烏有，使一觸即發的衝突煙消雲散！

可是，生活中卻有些人對提倡禮貌不以為然。他們說：「搞那些形式客套有啥用？」「都是些生活小事，枝微末節，不值得幾次三番地宣傳。」

講禮貌是「形式」嗎？是的，這是一種形式，但這種形式卻能表達許多重要的內容和感情，概括而言，就是「尊重」和「友愛」。據說，早在古希臘戰爭年代，雙方為了友好不再打仗，都把盔甲、面罩取掉。此後為了表示友好，就將推開盔甲、面罩的那個動作，變成了今日所沿用的舉手禮；除敬禮外，把

手掌伸開，顯出空手無武器，表示友好不再互相爭鬥，也就成了今天握手表示友好的禮節。

生活在現代社會，養成講禮貌的習慣是非常重要的。禮貌是人們共同遵守的一種行為規範和道德準則，是通往相互友好和尊重的一道橋樑。平常我們一個簡單的「請」字，一聲熱情的「謝謝」，一個親切的招呼，並不是多餘的「形式」或「客套」，是對人尊重、誠摯的一種感情流露，它能使人感受到親切、溫暖和愉快。

禮貌問題是「小事」嗎？的確，比起一些違法亂紀的行為，它是比較小的事。但從這種「小事」裡，往往可以窺見一個人的內心世界，反映他的品德和文化修養的高低。通常，不講禮貌的人，除了忽略培養這樣的好習慣以外，往往在思想意識上有些問題，或者自私、狹隘，或者驕傲自大；而講禮貌的人，則多是關心群體、尊重他人的人。出於這種關心和尊重，講禮貌的人不論對方是強者或弱者，領袖或群眾，好朋友或陌生人，有求於人或無求於人，在公共場合或無人監督的環境，都是一樣的。而真正做到這一點，必須養成講禮貌的習慣，弘揚質樸、謙遜、真誠、平等待人等優秀品質。

不可驕傲，要謙虛

論語原文

　　子曰：「如有周公之才之美，使驕且吝，其餘不足觀也已。」

譯解

　　孔子說：「一個人有周公那樣出色的才能，如果驕傲而且鄙吝，其餘的也就不值一看了。」

　　孔子一向注重於培養謙虛謹慎的品德，還經常對弟子言傳身教。

　　一次，孔子帶著學生到魯桓公的祠廟裡參觀，看到了一個可用來裝水的器皿，歪斜地掛在特製的架子上，整座器皿就放在祠廟桌上。這種傾斜的器皿叫做叫「欹器」。（欹音同七）

孔子問守廟的人：「請告訴我，這是什麼器皿呢？」

守廟的人告訴他：「這是欹器，是放在座位右邊，用來警誡自己，如『座右銘』一般用來伴座的器皿。」

孔子說：「我聽說這種器皿，若是水裝的不夠多或是沒有裝水時就會歪倒；如果裡面的水裝得過多或是裝滿了，它也會翻倒；只有當水量適中，不多不少的時候才會是端正的。」

說著，孔子回過頭來對他的學生們說：「你們往裡面倒水試試看吧！」學生們聽後舀來了水，一個個慢慢地向這個器皿裡灌水。

果然，當水裝得適中的時候，這個器皿就端端正正地立著。不一會，水灌滿了，它就翻倒了，裡面的水流了出來。再過了一會兒，器皿裡的水流盡了，就傾斜了，又像原來一樣歪歪斜斜地掛在那裡。

這時候，孔子便長長地歎了一口氣說道：「唉！世界上哪裡會有太滿而不傾覆翻倒的事物啊！」

凡驕傲自滿的人，沒有不失敗的。一方面，它會導致自高自大，看不起別人；另一方面，它會導致盲目自信，不思進取。因此，一個人一定要謙虛謹慎，不要驕傲自滿。

謙虛謹慎是每個人必備的品格。具有這種品格的人，在待人接物時能溫和有禮、平易近人、尊重他人，善於傾聽不同的意見和建議，能虛心求教，取長補短。對自己有自知之明，有

了好成績卻不居功自傲；自己的缺點和錯誤也不文過飾非，能主動採取措施進行改正。

謙虛謹慎永遠是一個人建功立業的前提和基礎。俗話說：「滿招損，謙受益」。「人之不幸，莫過於自足」、「人之持身立事，常成於慎，而敗於縱。」

李時珍因為《本草綱目》而流芳後世。然而，《本草綱目》之所以能寫得如此精確，與李時珍的謙虛很有關係。李時珍為了弄明白藥物的作用及生長情況，除了親自品嚐、走遍山野河流，還虛心地向各地的藥農請教。如果李時珍當時不去向藥農請教，不認真弄清每一種藥材的藥性，《本草綱目》的成就及價值就不會這麼大。

一個人不論從事何種工作，擔任什麼職務，只有謙虛謹慎，才能保持不斷進取的精神，增進更多的知識和才幹。因為謙虛謹慎的品格能夠幫助我們察覺自己的差距。永不自滿，不斷前進可以使人能冷靜傾聽他人的意見和批評，謹慎從事。否則，驕傲自大，滿足現狀，停滯不前，主觀武斷，輕者工作受損，重者會使事業半途而廢。

具有謙虛謹慎品格的人，不喜歡裝模作樣、擺架子、盛氣凌人。他們能夠虛心向群眾學習，瞭解群眾的情況。美國第三屆總統托馬斯・傑弗遜指出：「每個人都是你的老師。」傑弗遜出生於貴族家庭，他的父親曾經是將軍，母親是名門之後。

當時的貴族除了發號施令以外，很少與平民百姓交往，也看不起平民百姓。然而，傑弗遜並沒有秉承貴族階層的惡習，反而主動與各階層人士交往。他的朋友中當然不乏社會名流，但也包含了許多普通的園丁、僕人、農民或者是貧窮的工人。他善於向各種人學習，懂得每個人都有自己的長處。

有一次，他對法國偉人拉法葉說：「你必須像我一樣，到平民人家去走一走，看一看他們的飯碗，嘗一嘗他們吃的麵包。這麼做，你就會瞭解民眾為何不滿的原因，也才能懂得法國革命之所以正在醞釀的真正意義。」由於他作風紮實，深入實際，所以，他即使高居總統寶座，仍然很清楚民眾究竟在想什麼，到底需要什麼。這樣，在密切群眾關係的基礎上，他終於成為一代偉人。

謙虛謹慎的品格，能使一個人面對成功及榮譽時非但不驕傲，還將之視為激勵自己繼續前進的力量。而非陷入榮譽和成功的愉悅中沾沾自喜，將既有的榮譽當成包袱背起來，滿足於一得之功，而停止了進取。居里夫人以她謙虛謹慎的品格和卓越的成就獲得了世人的稱讚，她對榮譽的特殊見解，使很多喜歡居功自傲的人汗顏不已。居里夫人的一個女性朋友到她家裡去做客，忽然發現她的小女兒正在玩英國皇家協會剛剛頒給她的一枚金質勳章。

她不禁大吃一驚，忙問：「居里夫人，英國皇家協會的獎

章是極高的榮譽，你怎麼能給孩子玩呢？」

　　居里夫人笑了笑，說：「我是想讓孩子們從小就知道，榮譽就像玩具，只能玩玩而已，絕不能永遠守著它，否則就將一事無成。」她自己正是這樣做的。

　　也正因為她的高尚的品格，她的女兒和女婿也踏上了科學研究之路，再次獲得了諾貝爾獎。兩代人三次的得獎紀錄，無疑為令人敬仰的家庭。

把真正的大智慧大聰明隱藏起來

論語原文

子曰：「吾與回言，終日不違，如愚。退而省其私，亦足以發，回也不愚。」

譯解

孔子說：「我整天給顏回講學，他從來不提反對意見和疑問，像個愚蠢的人一樣。等他退下之後，我考察他私下的言論，發現他對我所講授的內容有所發揮，可見顏回其實並不愚蠢。」

中國古代的道家和儒家都主張「大智若愚」，而且要「守愚」。《論語》中講孔子的弟子顏回會「守愚」，深得其師的喜愛。他表面上愚鈍，其實他是很認真的用心體會，所以課後他總能把老師的教導清楚而有條理的講出來。可見若愚並非真

愚，大智若愚給人的印像是：虛懷若谷，寬厚敦和，不露鋒芒，甚至有點木訥。其實在「若愚」的背後，隱含的是真正的大智慧大聰明。

世上聰明者數不勝數。那麼，到底什麼人才是真聰明呢？

有一種說法，就是「真正聰明者，往往聰明得讓人不以為其聰明」。這話不無道理。古往今來，聰明反被聰明誤者可謂多矣！倒是有些看似「笨」的人，其實卻是最聰明的人。洪武年間，朱元璋手下的郭德成就是這樣一位聰明得讓人不以為聰明的人。

當時的郭德成，任驍騎指揮，一天，他應召到宮中，臨出來時，明太祖朱元璋拿出兩錠黃金塞到他的袖中，並對他說：「回去以後不要告訴別人。」面對皇上的恩寵，郭德成恭敬地連連謝恩，並將黃金裝在靴筒裡。

但是，當郭德成走到宮門時，卻又是另一副神態，只見他東倒西歪，儼然是一副醉態，快出門時，他又一屁股坐在門檻上，脫下了靴子，靴子裡的黃金自然也就露了出來。

守門人一見郭德成的靴子裡藏有黃金，立即向朱元璋報告。朱元璋見守門人如此大驚小怪，不以為然地擺擺手：「那是我賞賜給他的。」

有人因此責備郭德成道：「皇上對你偏愛，賞你黃金，並讓你不要跟別人講，可你倒好，反而故意露出來鬧得滿城風

雨。」

對此，郭德成自有高見：「要想人不知，除非己莫為，你們想想，宮廷之內如此嚴密，藏著金子出去，豈有別人不知之理？別人既知，豈不說是我從宮中偷的？到那時，我怕渾身長滿了嘴也說不清了。再說我妹妹在宮中服侍皇上，我出入無阻，怎麼知道皇上是否藉此來試一試我呢？」

現在看來，郭德成臨出宮門時故意露出黃金，確實是聰明之舉。恰如郭德成所言，到時的確有口難辯，以朱元璋的為人，這類試探的事也不是不可能發生。郭德成的這種做法，與一般意義上的大智若愚又有所不同，他不只是裝傻，而且預料到可能出現的麻煩，防患於未然。

人有聰明人和糊塗人之分；同是聰明人，又有大聰明和小聰明之分；同時糊塗人，則又有真糊塗和假糊塗之分。智和愚對人一生命運的影響極大。「聰明一世，糊塗一時」，說聰明人有時也會做蠢事；「大智若愚」，「難得糊塗」，說確實聰明的人往往表面上愚拙，這是一種智慧人生，真人不露相；而「聰明反被聰明誤」，揭示了耍小聰明者的報應。「大勇若怯，大智如愚。」這是蘇軾的觀點。他在《賀歐陽少師致仕啟》中說：「力辭幹未及之年，退托以不能而止，大勇若怯，大智如愚。」我們可以理解為對於那些不情願去做的事，可以以智迴避之，本來有大勇，卻裝出怯懦的樣子，本來很聰敏，硬裝出很愚拙

的樣子，如此可以保全自己的人格，也能不做隨波逐流之事。
真正的大智大勇者未必要大肆張揚，徒有其表，而要看其實力。
百川合流，而成其大，土石併砌，以實其堅，這才是大智若愚。

勇敢不是魯莽

論語原文

子曰：「勇而無禮則亂，直而無禮則絞。」

譯解

孔子說：「勇敢而不符合禮就會作亂，直率而不符合禮就會尖刻傷人。」

只有勇敢，不講禮法。當然是要出大亂子的了。如果一味地勇，像個莽張飛或黑李逵，那也會出亂子闖大禍的。直率是個性坦白，是就是，不是就不是；對就對，不對就不對，說話不拐彎抹角，直來直去。這本來也沒有什麼不對，人們還常常很喜歡這種人，但如果一個人太直了，直得一點也不知迴避，那往往說出話來使得人下不了台。尤其是做領導的或做長輩

的，遇到這種人那可就很難受了。所以，無論是什麼品格，一定要用禮來加以節制，加以中和，這樣才能言行合度，符合社會規範。

對於勇，孔子論述很多。他曾說：「見義不為，無勇也。」孔子的勇，是讓人們勇於義，勇於道德實踐，而不是走馬鬥雞的匹夫之勇。勇敢必須在禮的範圍內行事，接受禮的約束，如不接受禮的約束，勇敢就可能盲動闖禍，所謂「勇而無禮則亂」。只有加強道德修養和文化知識的學習，才能避免因勇敢過頭反成為魯莽，使勇敢真正歸於中正，成為美德。他還說：「好勇不好學，其蔽也亂；好剛不好學，其蔽也狂。」只要求勇敢和剛強，而不注重學習，就會膽大妄為，甚至搗亂闖禍。據說孔子的父親就是一位有名武士，在春秋時代，以勇力聞於諸侯。孔子本人，身長九尺六寸，勇力過人，且精於射箭和駕車，然而他並不是一味地稱讚勇敢，而是主張勇於義。在他看來，仁德是勇敢的主宰，在仁德支配下的勇敢才是真正的勇敢，才是君子之勇。

子路曾問孔子：「你要是行軍打仗要帶誰啊？」孔子也不客氣，說道：「像你這樣赤手空拳打老虎，徒身過河，死了也不後悔的人（暴虎馮河，死而無悔），我是不會帶的，我要帶的是遇到事情先思量，經過謀劃深思而行的人（臨事而懼，好謀而成）。」子路非常直率，忠、義、勇皆有，但由於缺少禮

教的匡正，文化的修養，最終「不得其死然」，戰於沙場而死。秦末的項羽、三國的呂布、水滸裡的李逵都是這樣的角色。項羽徒有霸氣，卻少了禮賢下士的雅量、成敗不辱的胸襟，最終「烏江自刎，頭贈馬童」，讓人折腕長歎，徒呼奈何！

　　下面這個故事，也強調了不可徒逞匹夫之勇的道理。北魏的皇族中，有個名叫可悉陵的人，生得身材高大、魁梧強壯，性格勇敢堅毅，又練得一身好武藝，實在是一個難得的人才，因而很受皇帝器重。在可悉陵十七歲那一年，北魏皇帝拓跋燾帶著他一塊兒到山林裡去打獵。他們一行人個個都本領高強，善使弓箭，勇猛無比，打起獵來更是威風凜凜。沒過多半天，他們便捕獲了許多野兔、鹿、山雞之類的野味。大家帶著獵物一邊大聲談笑，誇耀自己打獵的成果，一邊準備踏上返回的路，正在興頭上，忽然察覺旁邊的樹叢微微顫抖，傳出一陣「沙沙」聲，好像有什麼動物在快速行走。就在猶疑間，說時遲那時快，叢林中突然躥出一隻吊睛白額猛虎。它大吼了一聲，直吼得地動山搖。他們嚇出了一身冷汗，驚慌失措，不知如何是好。只聽得一個人大喊道：「保護皇上，看我的！」說話間，人已到了老虎跟前。大家定睛一看：原來說話的是可悉陵。可悉陵什麼武器也沒拿，赤手空拳地和老虎搏鬥起來。老虎的尾巴用力一掃，眼看要掃到可悉陵身上，可悉陵靈巧地一閃躲開了。大家回過神來，彎弓搭箭想要幫可悉陵的忙，可悉陵卻喊道：「請

大家別插手，我一個人就可以了！」大伙只好眼睜睜地看著可悉陵和老虎周旋，心裡暗暗為他捏一把汗。可悉陵躲過了老虎兇猛的一撲一掀一剪，瞅準機會跳到老虎背上，揪著虎皮死死按住虎頭，掄起鐵拳拚命朝老虎的天靈蓋砸下去。也不知打了多少拳，可悉陵累得不行了，才發現老虎已經七竅流血，死了。於是可悉陵把這頭老虎獻給了拓跋燾。拓跋燾沒有過分稱讚他，說道：「我們本來很有機會逃走，不跟老虎糾纏，實在走不了，大家一起上，也可以輕而易舉地置老虎於死地，你偏要徒手和老虎單打獨鬥，你的勇敢和謀略確實超人一等，但應該用來造福國家，而不要再浪費在這種不必要的搏鬥上了。要是萬一出了點事，不是太可惜了嗎？」

　　拓跋燾的話很有道理，可悉陵的行為表面上看勇猛無比，其實不過是逞匹夫之勇。勇敢善戰是優點；但不能為了出風頭或一時痛快而冒不必要的風險，否則，只能算是逞「匹夫之勇」，是魯莽。

小不忍則亂大謀

論語原文

子曰：「巧言亂德。小不忍則亂大謀。」

譯解

孔子說：「花言巧語惑亂道德。小事情若不能忍耐，就會打亂大的計謀。」

「小不忍則亂大謀」的核心，就是一個「忍」字。所謂「心字頭上一把刀，遇事能忍禍自消。」「忍得一時之氣，免卻百日之憂。」對於日常的瑣碎之事，不必去斤斤計較。在大事業之前的小事若無法忍受，將無法成就偉大的理想。

韓信的故事是一個很好的佐證。韓信是漢高祖劉邦的大將，年輕時整日游手好閒，無所事事。有一天，一群小流氓跟

他說：「你長得倒不賴，不知膽量如何呢？」韓信聽後沉默不語。這時圍觀的人越來越多，流氓又挑釁說：「如果你有膽量，就來刺殺我；如果害怕，就從我胯下爬過去吧！」韓信一言不發，默默地爬過他的胯下。這就是歷史上著名的「胯下之辱」的故事。

　　人的一生中，令人發怒的事不計其數，倘若每件事都斤斤計較，耿耿於懷，是成不了事的。反之，只要胸懷大志，就會「忍人所不能忍」，對於許多事情就不會放在心上，而是堅定地朝著自己的目標奮進。俗話說：「忍一時風平浪靜，退一步海闊天空。」「以忍為上」是一種玄妙的處世哲學。常言道：識時務者為俊傑。所謂俊傑，並非專指那些縱橫馳騁如入無人之境，衝鋒陷陣、無堅不摧的俠客、英雄。而是那些能夠以自己的胸懷和毅力而獲取成功的人。現實生活是殘酷的，很多人都會碰到不能盡如人意的事。殘酷的現實需要你承受，這個時候，你必須面對現實。要知道，敢硬碰硬，雖不失為一種壯舉。可是，硬要拿著雞蛋與石頭鬥狠，只能算是無謂的犧牲。這個時候，就需要用另一種方法來迎接生活。一切以大局為重，才能夠忍一時之氣，成一世之勢。

　　「忍」也是個人修養、智慧、能力的集合體。遇事發怒，爭強好勝，往往出現因小失大的後果。《三國演義》中的周瑜，氣量狹窄，不能容忍諸葛亮技高一籌，定要與諸葛亮較量到底。

明明曹操在赤壁戰敗，掌握東吳政權的周瑜應將力量投入到向北擴大地盤的征戰中，可是周瑜寧肯讓孫權帶著部份軍力往合肥，與屬於曹操勢力的張遼交戰，自己帶著東吳主力軍隊與諸葛亮爭奪荊州。爭奪的結果，合肥荊州兩戰均敗，周瑜也為此負氣身亡，這正是缺乏修養的表現。

以「忍」來展現個人的修養與才能，在中國歷史上有許多例子。《三國演義》中的曹操作為「治世之能臣，亂世之奸雄」，尤其善「忍」。當董卓進京擅權作亂時，眾官想到漢室將亡，一齊啼哭，唯他「撫掌大笑」，王允責備他時，他說：「吾非笑別事，笑眾位無一計條董卓耳。操雖不才，願即斷董卓頭，懸之都門，以謝天下。」等到他行刺董卓不成時，又趕忙「持刀跪下」，謊稱「獻刀」，足見掩飾內心活動的機智。

曹操殲滅呂布後，已有挾天子以令諸侯之威，想不到來了個禰衡，擊鼓大罵曹操。曹操部屬要殺禰衡，但曹操卻忍住了，不願去擔「害賢」之名，於是將禰衡送劉表處，最後讓黃祖殺了他。可見，曹操的「忍」與政治家的寬容氣度頗為相通。

「忍」更表現了個人意志品格的磨練程度，展現著自強不息的內在力量。孟子說：「故天將降大任於斯人也，必先苦其心志，勞其筋骨，餓其體膚，空乏其身，行拂亂其所為，所以動心忍性，增益其所不能。」這種「動心忍性」的思想方法，一向被視為代代沿襲的民族精神。越王勾踐為了報仇，臥薪嘗

膽，曾使歷代人為之感動。《三國演義》中的劉備，更是以忍求尊的出色運用者。他有漢室宗親出身，有關羽、張飛效力，且破黃巾立功，而僅得安喜縣尉之職，他仍然遵命上任；後因結義兄弟張飛怒鞭督郵，為了維繫桃園三結義之情，他辭官而去；曹操滅呂布後，劉備與曹操都在許都供職，劉備更是如履薄冰，曹操以青梅煮酒論英雄相試，劉備則以韜晦之計避讓；等到脫離許都後，兩人又先後投奔袁紹、劉表。無論在任何地方，劉備都是以寬厚心胸待人，甚至劉表的手下蔡瑁幾次逼殺，劉備都是避讓而已，並無反擊。偏偏就是這樣一個能夠忍讓的人，得到了普遍的尊重，連曹操等政治對手也稱他為「英雄」，劉備以處處忍讓爭得人心，由得人心而得人才，終於成為三國鼎立的一支。劉備的成功，也顯示了以忍求尊的力量。

　　「忍」作為中國人生的智慧，一直積蓄著自強不息的力量。明代失袞在《觀微子》中說：「君子忍人所不能忍。」正是從人格、意志、修養、智慧諸方面探討「忍」在個人人生中的價值。忍顯示著一種力量，是內心充實，無所畏懼的表現。忍是一種強者才具有的精神品質。

　　「忍」不是低三下四、甘願受他人擺佈、忍氣吞聲、受人欺侮、逆來順受、不去反抗，而是一種積蓄力量的方式。一個人善於忍，才能得到各方面的幫助，吸收各個方面的訊息，為自己的發展和成功奠定良好的基礎。

巧言亂德。小不忍則亂大謀。

第二章
《論語》中的追求抉擇智慧

　　孔子並不否認個人利益的存在。相反地，他倡導的是，以保障每個人利益最大化為前提，盡量為社會做更多的事情。也就是他的學生——孟子所提出的「窮則獨善其身，達則兼濟天下」的思想。

　　在資訊爆炸的現代，正確的價值觀及精準的判斷力，儼然成為人生的標準配備，一個人擁有越多的價值，追求越高的標準，他就比別人擁有更多的競爭力！

君子首先追求的是學問

論語原文

子曰：「君子謀道不謀食。耕也，餒在其中矣；學也，祿在其中矣。君子憂道不憂貧。」

譯解

孔子說：「君子追求的是學問而不是食物。種田的人可能也會挨餓，學習卻能得到俸祿。君子憂患的是沒有學問，而不憂患貧困。」

孔子的道德思想可以表述為「成聖之學」，即以一種理想的人格作為道德實踐的最高境界。可以說，儒家道德思想的全部內容和思維方式，都是圍繞著成聖之路而展開的。正由於儒家的道德實踐旨在成就一種聖人的品格，因此，儒家思想的落

實，必然要求在現實生活中，有一個可以承擔這種理想的社會群體。

在儒家思想中，能夠負載儒家的道德理想、躬行儒家道德規範的現實主體就是君子。在《論語》中，孔子雖然經常表達出對聖人的仰慕之情，但他更經常將君子人格作為生活的楷模和實踐的目標，並教育自己的學生。他經常拿君子與小人對比，以表明自己的價值傾向和道德追求。聖人固然是儒家道德實踐的最高理想，但在現實生活中，人應按照君子的標準來實踐儒家的道德，逐漸地向著成聖之路趨近。

君子「謀道不謀食」就是說，君子應將自己的精力用於追求真理上，而不是用於講求物質生活上。孔子本人就是一位為追求濟世救民方略而奮鬥了一生的人。至晚年，他依然發憤忘食，樂以忘憂地勤奮工作著。他所關心的是「德之不修，學之不講」，而不是物質生活。對那些能不以衣食為懷，而追求道德修養的好學之士，他大加讚揚。如他的大弟子顏回生活很窮，但他並不為此而憂愁，依然孜孜不倦，孔子連連稱讚：「賢哉，回也。」孔子還提出：「不義富且貴，於我如浮雲」。對於富貴與貧賤，孔子主張君子應以道得之、以道去之。君子不應終日為衣食而奔波，相反應為追求真理和道德修養而竭盡全力。

下面的這個故事，從某些方面表達了君子面對「謀道」和「謀食」兩難問題的正確抉擇。春秋戰國時期的宓（音同福）

子賤，是孔子的弟子，魯國人。有一次，齊國進攻魯國，戰火迅速向魯國單父地區推進，而此時宓子賤擔任單父宰相。當時也正值麥收季節，大片的麥子已經成熟了，眼看不久就能夠收割入庫，可是齊軍一來，到手的糧食就會被齊國搶走做軍糧。當地一些父老向宓子賤提出建議，說：「麥子馬上就熟了，應該趕在齊國軍隊到來之前，讓咱們這裡的老百姓去搶收，不管是誰種的，誰搶收了就歸誰所有，肥水不流外人田。」另一個人也認為：「是啊，這樣把糧食採收下來，可以增加我們魯國的糧食。而齊國的軍隊也搶不走麥子了，他們沒有糧食，自然也堅持不了多久。」儘管鄉中父老再三請求，宓子賤堅決不同意這種做法。

過了一些日子，齊軍一來，真的把單父地區的小麥一搶而空。為了這件事，許多父老埋怨宓子賤，魯國的大貴族季孫氏也非常憤怒，派使臣向宓子賤興師問罪。宓子賤說：「今天沒有麥子，明年我們可以再種。如果官府這次發佈告令，讓人們去搶收麥子，那些不種麥子的人則可能不勞而獲，平白得到好處。單父的百姓也許能搶回來一些麥子，但那些趁火打劫的人以後便會年年期盼敵國的入侵，民風也會變得越來越壞。

可不是這樣嗎？其實單父一年的小麥產量，對於魯國強弱的影響微乎其微，魯國不會因得到單父的麥子就強大起來，也不會因失去單父這一年的小麥而衰弱下去。但是如果讓單父的

老百姓，以至於魯國的老百姓都存了這種藉入侵敵國而獲得意外財物的心理，這才是危害我們的大敵。這種僥倖獲利的心理，那是我們幾代人的大損失呀！

很多先哲都明白得失之間的關係。他們看中的是人的品行修養和德才培養，而非一時一事的得與失。宓子踐自有他的得失觀，他之所以拒絕父老的勸諫，讓入侵魯國的齊軍搶走了麥子，是因為他認為失掉的是有形的、有限的一點點糧食，而讓民眾存有僥倖得財得利的心理才是無形的、長久的損失。得與失應該如何取捨，宓子踐做出了正確的選擇。

中國歷代文人、名士都非常讚賞孔子關於君子「謀道不謀食」的主張，不為五斗米折腰的陶淵明就是其中傑出代表之一。公元三九九年，晉安帝在位的時候，東晉的朝政越來越腐敗了，會稽郡一帶爆發了孫恩所領導的農民起義。過了兩年，起義軍十幾萬逼近建康，東晉王朝出動北府兵，才把起義軍鎮壓下去。這時候，東晉的統治集團內部又亂了起來。桓溫的兒子桓玄佔領了長江上游，帶兵攻進建康，廢了晉安帝，自立為王。過了三四個月，北府兵將領劉裕打敗桓玄，迎晉安帝復位，從此以後，東晉王朝已經名存實亡了。

在這個動盪不安的年代裡，在柴桑（故址在今江西省九江市西南）地方，有一個出名的詩人，名叫陶潛，又叫陶淵明，因為看不慣當時政治腐敗，在家鄉隱居。陶淵明的曾祖父是東

晉名將陶侃，雖然做過大官，但不是士族大地主，到了陶淵明
一代，家境已經很貧寒了。陶淵明從小喜歡讀書，不想求官，
家裡窮得常常揭不開鍋，但他還是照樣讀書做詩，自得其樂。
他的家門前有五株柳樹，他給自己起個別號，叫五柳先生。後
來，陶淵明越來越窮了，自己耕種田地，也養不活一家老少。
親戚朋友勸他出去謀個一官半職，他沒有辦法只好答應了。

　　當地官府聽說陶淵明是名將之後，又有文才，就推薦他在
劉裕手下做了個參軍。但是沒過多久，他就看出當時的官員將
軍互相傾軋，心裡很厭煩，就要求出去做個地方官。上司就把
他派到彭澤（故址在今江西省境內）當縣令。當時做個縣令，
官俸是不高的。陶淵明一不會搜刮，二不懂貪污，日子過得並
不富裕，但是比起他在柴桑的家裡所過的窮日子，當然要好一
些。再說，他覺得留在一個小縣城裡，沒有什麼官場應酬，也
還比較自在。

　　有一天，郡裡派了一名督郵到彭澤視察。縣裡的小吏聽到
這個消息，連忙向陶淵明報告。陶淵明正在他的內室裡捻著鬍
子吟詩，一聽到來了督郵，十分掃興，只好勉強放下詩卷，準
備跟小吏一起去見督郵。小吏一看他身上穿的還是便服，吃驚
地說：「督郵來了，您該換上官服，束上帶子去拜見才好，怎
麼能穿著便服去呢！」陶淵明向來看不慣那些依官仗勢、作威
作福的督郵，一聽小吏說還要穿起官服行拜見禮，更受不了這

種屈辱。他歎了口氣說：「我可不願為了這五斗米官俸，去向那號小人打躬作揖！」說著，他也不去見督郵，索性把身上的印綬解下來交給小吏，辭職不幹了。

陶淵明回到柴桑老家，覺得這個亂糟糟的局面跟自己的志趣、理想距離得太遠了。從那以後，他決心隱居過日子，空下來就寫詩歌文章，來抒發自己的心情。陶淵明「不為五斗米折腰」的品格成為千古美談。

李白也在一首詩中寫道：「安能摧眉折腰事權貴？使我不得開心顏。」歷史上像這樣剛直不阿、傲視權貴的人是屢見不鮮的，他們因品德高尚而備受世人尊敬。在信與食二者不可兼得之間，孔子毫不猶豫地選擇了前者；在義利孰重孰輕之間，孔子明確指出：「以義為尚」，即義高於一切，高於利。故而他要求人們「見利思義，見得思義」。當然這並不意味著孔子排斥利，他強調的是利應以義為前提。

義是與私利相對應的範疇。孔子認為，一個真誠的君子應以義為原則，依照禮的要求去實行它，用謙虛語言表述它，以誠實的態度完成它，這才是仁義君子，而那種「群居終日，言不及義」之人，則不足以稱君子。他認為一個正人君子，行義應不顧個人利害、得失，甚至不惜犧牲個人之生命。他說：「志士仁人，無求生以害仁，有殺身以成仁。」又說，「三軍可奪帥，匹夫不可奪志。」這表明仁義高於一切，道德優先於生命。

這個思想更進一步為孟子所發展，孟子認為仁義禮智根於心，是人有別於禽獸最根本的東西，是人之所以為人的根據。一個人一旦陷入不仁不義，就是人形之禽獸。孟子像孔子一樣，主張在生死考驗面前，毅然殺身成仁，捨生取義。他說：「生，亦我所欲也；義，亦我所欲也，二者不可得兼，捨生而取義者也。」可以說殺身成仁，捨生取義，代表了中華民族的正氣，展現了中華民族的剛健精神。在這一精神的激勵下，蘇武、顏杲（音同稿）卿、岳飛、文天祥、史可法等仁人志士，以其寶貴生命實踐了儒家的人生理想，譜寫了一曲又一曲民族的正氣之歌。

追求自立，不依賴別人

論語原文

　　子曰：「吾十有五而志於學，三十而立，四十而不惑，五十而知天命，六十而耳順，七十而從心所欲，不逾矩。」

譯解

　　孔子說：「我十五歲立志學習；三十歲學成自立；但很多事情是到四十歲才明白；五十歲時，我知道萬事都有天命；六十歲時，什麼話都能夠聽進去；到了七十歲，就是隨心所欲，也不會超越法度和規矩了。」

　　孔子這段話是在描述自己一生的學習經歷時講的。這段話的內容是比較豐富的，在此，我們重點討論一下「三十而立」的問題。「三十而立」，在孔子一生的學習道路上是一個重要

的轉折，從此開始，「四十」就「不惑」，「五十」就「知天命」……可見，「三十而立」，這個「立」指的是孔子到三十歲時，在學習上已經打下堅實的基礎，為他日後的為人、事業鋪平了道路。

孔子自「十有五而志於學」起，到三十歲，不僅通曉了「六經」等各種文獻資料，並能聯繫當時的現實，形成自己獨特的思想體系。這個思想體系，在孔子是「一以貫之」的，是他自己立身處世的思想、原則。

從上面的分析中，我們不難看到，孔子「立」的真實含義是指一個人能自立於社會，能獨立生活，有獨立的人格，獨立的意志，也就是我們平日常說的「自立」。我們每個青年人，也要努力學習，追求早日自強、自立。

自強自立是中華民族生生不息的精神源泉，歷來中國人都非常強調且崇尚自強自立的精神。

自立是指只靠自己的能力行動和生活，不論碰到什麼問題，要自己動腦筋思考，要用自己的力量去克服困難；自強是依靠自己的努力，立足於社會。自強自立是現代人所必備的素質，不能自強自立的人，必然被激烈競爭的社會所淘汰。

從理論上講，每個人都是可以自立的，然而真能充分發展自己獨立能力的人卻很少。依賴他人，追隨他人，按照他人的想法去工作，自然要比自己動腦筋輕鬆得多。但是若事事有人

替我們想，替我們做，必定有害於我們事業的成功，也不利於我們的成長。

要使我們的力量及才能獲得發展，不能依靠他人，而主要靠自己。一個能夠拋棄憑借，放棄外援，主要依賴自己努力的人，才能得到真正的勝利。自立是開啟成功之門的鑰匙。一個人在依賴他人時，無法感覺到自己是一個「完全的人」，只有當他可以絕對自立自強時，他才可以感覺到自己是一個無缺憾的人，才能感覺到一種光榮和滿足。而這種光榮與滿足，是別的東西所不能給予的。

當你一旦放棄求助於他人的念頭，變得自立自強，你就已經走上了成功的道路了。你能不借外力，自立自強，你就能發揮出意想不到的力量，離成功也就不遠了。

為了做到自強自立，首先要努力培養成熟的個性，真正擁有了成熟的個性，才談得上自立。縱觀歷史上傑出的人物，大都是一些個性成熟程度較高的人。

楚漢相爭，項羽強而劉邦弱，但較量的結果，是項羽霸王別姬，自刎烏江；而劉邦卻以弱勝強，開啟一代王朝。明末農民起義有十幾家隊伍，唯獨李闖王能夠克敵制勝，推翻朱家王朝。這除了其他原因之外，劉邦和李自成鮮明而成熟的個性特徵無非是一個極其重要的內在因素。

那麼，成熟的個性包括哪些內容呢？

所謂個性，通常是指一個人的氣質、性格和能力。所謂成熟，包括成長、發展所能夠達到的水平和發展過程中的機能結構的變化。成熟的個性包括如下幾個方面。

　　一、意志堅毅。

　　在競爭日益激烈的現代社會，意志堅毅是一項首要的品性。它使我們變得堅強，足以頂住種種壓力，永遠立於不敗之地。首先頂得住壓力，然後才能克服壓力。意志堅毅的人，懂得執著於目標，能夠免受心理各種不必要的掙扎所苦，抗干擾能力極強。意志堅毅的人，保有一貫的自我，守護著性格中每一道可能存在的缺口，使心靈得以確保完整健康。

　　二、想像力豐富。

　　想像力最終將把生活引領到「美麗」境界。美不是美學家的專利，想像力是人類共通的一道風景，性格最容易在這方面形成巨大的共鳴。想像力是驅使你向前的動力，使你即使處於生活低潮，依舊不會迷失方向，不會倍感無力地聽天由命。想像力是個性的舵手，生命羅盤幾乎就是按想像力的大小製造的，充滿想像力的特質將為個性增添絢麗的光彩。

　　三、客觀地自我認識。

　　「認識你自己」這個命題雖太古老，卻歷久彌新，是每個人個性上必須時時面對的問題。如何認識自己個性的特質，可由自我意識和自知之明兩個方面開始。人能夠突破環境，就是

從自我意識和自知之明的雙重作用中，逐步產生超凡的動力，進而達成的結果。真正的個性是自給自足的，依靠外力的作用，是無法達到高尚境界的。

四、智慧完善。

人的性格在這一特質上，表現出同情他人和寬容的優秀態度。完善的智慧有利於解除過分戒備而緊張的心理狀態。有許多人，他們的本質是善良的，但在事情尚未進行前就已開始周詳地算計，這個算計並非要將他人之物搶奪過來，而是試圖將屬於自己的那個部分緊緊抱住，以免被他人搶奪。這樣的顧慮不利於事情的順利進行，最終將自己敗壞。而具備完善智慧的個性，卻表現出寬容與合作的態度，他不害怕別人的算計，只把目光盯在正在進行的事情上，最後憑智力取走理應屬於自己的成果，這樣的人永遠有不可動搖的安全感。

五、勇敢。

勇敢永遠是人類推崇的個性境界。勇敢的個性表現為大度和從容，因為心無畏懼，沒有理由不表現寬容大度和從容不迫。大度使人不怕損失，他有絕對的信心挽回損失；從容使人能夠冷靜地判斷問題，能夠體貼別人。

與從容相對的是猶豫。雖然猶豫和從容有天淵之別，卻總有人將它們混為一談，因而造成很難堪的局面。勇敢是一件很不容易的事，它的根基必須建立在高度的自信心上，血氣之勇

不是勇敢。勇敢的個性能夠笑對大業和瑣事，能夠將壓力轉化為動力。

六、超越自我。

在個性的世界中，超越自我是自己對自己的戰鬥，是巔峰對巔峰的飛躍，質和量都必須具備最強的突破力，這是個永不停息、從不間斷的自救過程。

一個成熟的個性是能夠洞察自己的弱點，能夠有意識地尋找知識和力量來克服它，從而有效地解脫自身的束縛。真的自由，就是能夠超越自我的人才能獨享的樂趣。往往在別人不易察覺的瞬間，你已經變得更強、更卓越。

認清自我，安守本分

論語原文

子曰：「不在其位，不謀其政。」

譯解

孔子說：「不在那個職位上，就不要考慮那個職位上的事。」

不在其位不瞭解情況，隔行如隔山，談論起來於事無補，反而添亂，還是素其位而行，安守本分為好。這可以啟示我們，在生活中，關鍵是要找準自己的位置。在孔子看來，一個人堅定信念，持守正道，才能幫助君王治理國家。當天下道德風行、政治開明的時候，那就出來做官，治理百姓；當天下無道，黑暗殘暴，那就閉門讀自己的書，不為暴君出力。當國家有道，

政風開明的時候，如果自己還是貧窮寒賤，那一定是自己沒有盡力宣揚教化，傳播文明，這是可恥的事情。同樣的，國家沒有道義，暗無天日，而自己反而富裕顯貴，這一定是自己出賣靈魂。褻瀆人類文明的聖潔，真是可恥啊。

做到了這一點，就維護了知識分子的氣節。也正是這種氣節，才讓中華民族的文明傳統流傳了五千年而不改不移；就是因為有一支意志堅定而且訓練有素的知識分子隊伍，他們憑藉著自己獨立的人格和精神追求，決不附庸任何勢力，所以才能制衡社會保持健康發展。正是這種獨立意識，使得知識分子安分守己，君子固窮，恪盡職守。

能做什麼官，就去做什麼官，不做則已，做了就一定要做好。居於什麼位置，就管好自己的職責；不在那個位置，就決不操那分閒心。如果自己的事情經常做不好，卻總是想著別人的事情，謀算著別人的位置。越俎而代庖，結果誰的事情都沒有做好，反而違背了立位設官的初衷。

人不是萬能的，自己不處在那個位置上，對那個位置上的事情，本就缺乏體驗，而且所知和經驗也不夠，不可能在短期內把事情做好。歷史上許多大臣罷官以後，不問政治。像南宋有名的大將韓世忠，因秦檜當權，把他的兵權取消以後，每天騎一匹驢子，在西湖喝酒，遊賞風景，絕口不談國家大事，真如後人有兩句名詩所說：「英雄到老皆皈佛，宿將還山不論

兵。」這就是「不在其位，不謀其政」的執行者。一個人，尤其關於現實的思想，不要不守本分。不守本分就是幻想、妄想，徒勞而無益。不是自己的職掌範圍，不必過分去干預。

以現在的政治思想來解釋這句話，就是「不要違反思想的法則」。如果用在做事方面，也可以說，不要亂替別人出主意。由這樣去解讀，這句話的意思就好理解了。「不在其位，不謀其政」，那麼在其位，就要謀其政，正如後來所說的「當一天和尚撞一天鐘」。這兩句話，都是很有道理的。天下人都能夠各自完成自己的本職工作，那麼天下便會穩定，發展富強。各人如果都不做好自己的工作，卻總是忙著去考慮他人的事情，那麼天下秩序就會大亂。

社會分工不定的結果，便是誰也做不好自己的工作，更糟糕的是會引發不公平競爭，人心因此而險惡，社會因此而動盪。所以，曾子說：「君子思不出其位。」

正確看待「爭」與「不爭」

論語原文

子曰：「君子無所爭。必也射乎！揖讓而升，下而飲，其爭也君子。」

譯解

孔子說：「君子謙謙，不與人爭，一定要爭的話，那就只有比賽射箭啦。但即使是這樣的爭也是雍容揖讓，這才是君子之爭。」

不同層次和緣由的競爭在人類社會的存在由來已久。文人爭名，武將爭功，藝人爭能，小人爭利，仕者爭權。而君子不爭，不是故作高雅，他只是覺得天下事沒什麼好爭的；他看別人爭東西，好像大人看小孩爭糕餅，有什麼好爭的？

當然，我們要與時俱進地看待「爭」與「不爭」的問題。但對於現代人來說，不爭也不是教你停止奮鬥，而是要抱有「清心寡慾」的心態，沒有適當的競爭意識，就難以適應現代社會。也就是易經所說的：「天行健，君子以自強不息」。

我們的民族曾經大力提倡過「清心寡慾」，從老子的「無為而治」，到莊子的虛無主義；從儒教的「重義輕利」，到佛教的「四大皆空」，無不要求人們放棄追求和進取的雄心。這些東西結合在一起，構成了「清心寡慾」這個深刻而又久遠的思想型態。

古人修身養性，常把「清心寡慾」奉為信條之一；懷才不遇的文人騷客，也常以「清心寡慾」來平息意中不平，沖淡心中失意。至於封建社會小農經濟制度下的舊式農民，則更要時常用「清心寡慾」來進行可憐的自我安慰和麻醉。

貧窮把舊式農民的願望壓制到最低的生理限度，愚昧使他們無所求，封建專制更使他們不敢求什麼。他們無力和自己的命運抗爭，一小塊土地便是永恆的樂園。如果風調雨順，那是上天的恩賜；一旦徭輕賦薄，更是皇家的仁慈。

「清心寡慾」不僅使他們在最低限度的生活水平中，獲得一點點可憐的歡樂和慰藉，而且在封建專制統治下，也是他們避免遭禍的一種武器。凡事知足、隨遇而安、以至於逆來順受，是封建專制時代所要求的道德規範。

而一切與之相反的思想、行為，都被視為「大逆不道」，對古聖賢之言稍有微詞，就是「異端邪說」。因此，舊式農民有著十足的膽小怕事心理，一代接一代的長輩們，無不以「清心寡慾」、「知足常樂」來訓誡和管教後輩。就這樣，統治階級的大力推崇，文人墨客的渲染稱頌，加之平民百姓世代相傳的「祖宗遺訓」，竟使得「清心寡慾」久相流傳而不息。隨著歷史長河的流逝，深刻地浸透到民族心理之中，以致「刻骨銘心」的程度。

　　當然，「清心寡慾」未必就是惡德。對於那些貪得無厭、利慾熏心的人來說，「清心寡欲」不失為一帖有效的良藥。清心寡慾，能使想入非非者現實一些，使貪婪之徒清廉一些，使牢騷滿腹、常懷不平的人心情平靜一些。對這部分人來說，確實有必要提倡一下「清心寡欲」。但是，對於那些人來說，卻很難認同「清心寡慾」是一種美德，它的本質是消極的、保守的、沒有出息的。

　　清心寡慾就意味著放棄追求和進取，意味著停滯、守舊和無所作為。它只有過去，沒有未來，只有活著的動機，沒有生活的激情。它是希望的泯滅，進取動力的乾涸，和社會活力的衰竭。如果現代青年選擇「清心寡慾」，人人無意追求遠大志向，那麼，我們的民族就將是沒有希望的民族。

　　當今社會的飛速發展變化，並不提倡「清心寡慾」。今天

的世界，技術革命、知識更新、舊傳統的破滅、新文明的興起，正如浪潮般地衝擊著人們的生活。這是全面創新、奮力進取的時代。生活在這個時代，生命在於進取，使命就是創新，只要一旦停止追求進取的步伐，就會被時代拋到後面。因此，我們就是要有進取的雄心、創新的慾望，在不停頓的追求中，把我們的事業推向前進，並在為社會奮鬥的過程中，使自己不斷提升，臻至完善。

今天的社會是充滿競爭的社會，日益激烈的競爭也不允許我們「清心寡慾」。競爭就是前進實力的較量、進取步伐的較量，它無情地把一切惰性的人、不思進取的人、無所作為的人拋在後面。競爭使無為者屈辱，無能者恐慌，無所事事者在激烈的競爭中連一天舒坦的日子也過不上。如果說，在過去相對靜態的社會，「煩惱皆因強出頭」，那麼在激烈競爭的今天，則正好反過來，「煩惱皆因不出頭」。落在競爭的後面，我們就不得不品嚐弱者的滋味，並不可避免地承受著弱者所帶來的一切心理痛苦。

從心理層面上來說，「清心寡慾」起源於對自身的消極保護。它既是對自己無法達到目標的一種自我解嘲，也是對環境過分妥協的產物。它的本意無非是想透過「清心寡慾」，來減少進而避免追求中的煩惱。因而就其本質，它與其說是自我保護，倒不如說是自我貽害。

相反地，大膽追求、永不知足的精神，則跳出了個人狹隘眼界的遠大抱負，和歷史、社會的責任感，來自對自身力量的充分信心，和敢於掌握自己命運的勇氣。

　　不必用「清心寡慾」來為自己競爭中的無能尋求自我安慰，實際上正是這種消極的心理束縛了我們才智的發揮。我們每一個人都是一座力量與智慧的礦藏。不管我們現在顯得怎樣平凡，怎樣微不足道，我們都可以是奇蹟的創造者。這裡的關鍵，在於我們必須為一個崇高的目標而永不停息地開掘你自己富饒的寶藏。

當仁不讓，該出手時就出手

論語原文

子曰：「當仁不讓於師。」

譯解

孔子說：「若遇到行仁的事，應當勇於承當，率先向前，不必謙讓給別人。」

中國人愛把「含而不露」看做一種美德，一個人的優點、成績和才能，只能由別人來發現。至於自己，儘管你已做出許多成績，有淵博的知識和驚人的才華，也只能說自己「才疏學淺」。如果有誰鋒芒太露，就容易招來非議。人們喜歡恭順謙讓者，因此，「毛遂自薦」的故事，聽起來總不如「三顧茅廬」那樣入耳。勇於表現自己才華的人，也總不如「謙謙君子」那

樣受到歡迎。然而，孔子卻提出了「當仁不讓」的主張，歷史上的許多有識之士也曾這樣積極倡導和努力實踐過。

晉人王述被調任尚書令，當時尚書令是很高的官職，握有國家大權，權比宰相，朝廷的任命一到，王述即刻赴任。

王述的兒子得知後，對父親說：「您應該謙讓一下，把職位讓給杜許吧！」

王述反問兒子：「你說我能勝任這個職務嗎？」

兒子回答：「怎麼不能勝任！您非常合適，但是能謙讓一下總還是好些吧，至少在禮俗上也應該謙讓一下呀！」

王述搖著頭，感慨地說：「你既然認為我能夠勝任尚書令一職，為什麼又要我謙讓呢？別人都說你將來會勝過我，我看你到底還是不如我啊！」

王述本是個「安貧守約，不求聞達，性沉靜」的人，但在國家需要自己承擔重任時，卻當然不讓。他並不是追逐名利，而是一種責任感和自信的表現，因而在歷史上一直被人們所稱道。謙讓與競爭並不是矛盾的，但如何集合這兩者於一身，卻需要錘煉自身的道德修養。

祁奚薦賢，也是歷史上一個很有教益的故事。

祁奚是春秋時晉國人，曾任中軍尉，是一個品德高尚且有才能的人。他老了，請求退休，於是晉侯問他，誰可以接替中軍尉職務，祁奚推薦解狐，解狐是祁奚的仇敵，祁奚並不因此

而否認他的才能。但在正要任命解狐時，解狐卻死了。晉侯又問誰可以接替呢？祁奚舉薦了自己的兒子祁午。又有一回，一位叫羊舌職的中軍尉佐也死了，晉侯又請祁奚推薦接替的人，祁奚舉薦了羊舌職的兒子羊舌赤。

祁奚薦賢，內不避親，外不避仇，因為他品德高尚，胸懷坦蕩，因而能夠公正無私地對待他人。因為他恪守道德，能夠坦蕩無私地展露才華或提供別人施展才能的機會，因此，世代為人們所稱頌。

中華民族悠久的文明史中，「禮尚謙讓」是一個有著豐富內涵的傳統道德信條。「謙讓」並不是一味講退讓、忍耐，在古人的觀念中，「謙讓」指在名利、權位上的讓，謂之「君子不爭」。而在原則問題上，在展露自己才華的場所，要「當仁不讓」。

社會的文明進步，確實需要人們具備相競之心，尤其在抵禦外侮時，民族的知恥之心，競爭進取之心，更是保衛國家、民族利益的重要心理基礎。古人看到了競爭在社會發展中，不可以沒有，而又不可以發展到極端，因此古人在崇尚謙讓的同時，又鼓勵人們競爭進取，並以一定的禮來加以規範。

古代推崇的爭是雍容大度，自信自強，公平的競爭，在該爭的時候，是不必謙讓的。另一個故事是，毛遂自薦。

毛遂在平原君門下已經三年了，一直默默無聞，總得不到

施展才能的機會。

　　一次，碰上秦國大舉進攻趙國，秦軍將趙國都城邯鄲團團圍住，情況十分危急，趙王只好派平原君趕緊出使楚國，向楚國求救。平原君到楚國去之前，召集他所有的門客商議，決定從這千餘名門客中挑選出二十名能文善武足智多謀的人隨同前往。他們挑來挑去最終只有十九人合乎條件，還差一人卻怎麼挑也總覺得不滿意。

　　這時，只見毛遂主動站了出來說：「我願隨您前往楚國，哪怕是湊個數！」

　　平原君一看，是平常不曾注意的毛遂，便不大以為然，只是婉轉地說：「你到我門下已經三年了，卻從未聽到有人在我面前稱讚過你，可見你並無什麼過人之處。一個有才能的人在世上，就好像錐子裝在口袋裡，錐子尖很快就會穿破口袋鑽出來，人們很快就能發現他。而你一直未能出頭露面顯露你的才能，我怎麼能夠帶上沒有本事的人同我去楚國行使如此重大的使命呢？」

　　毛遂並不生氣，他心平氣和地據理力爭說：「您說的並不全對。我之所以沒有像錐子從口袋裡鑽出錐尖，是因為我從來就沒有像錐子一樣放進您的口袋裡呀。如果早就將我這把錐子放進口袋，我敢說，我不僅是錐子尖鑽出口袋的問題，我會連整個錐子都像麥穗一樣全部露出來。」平原君覺得毛遂說得很

有道理且氣度不凡，便答應毛遂作為自己的隨從，連夜趕往楚國。

　　一到楚國，已是早晨。平原君立即拜見楚王，跟他商討請求出兵救趙的事情。可是這次談判很不順利，從早上一直談到了中午，還沒有一絲進展。面對這種情況，隨同前往的二十個人中便有十九個只知道乾著急，在台下直跺腳、搖頭、埋怨。唯有毛遂，眼看時間不等人，機會不可錯過，只見他一手提劍，大踏步跨到台上，面對盛氣凌人的楚王，毛遂毫不膽怯。他兩眼逼視著楚王，慷慨陳詞，申明大義，他從趙楚兩國的關係談到這次救援趙國的意義，對楚王曉之以理、動之以情。他的凜然正氣使楚王驚歎佩服，他對兩國利害關係的分析深深打動了楚王的心。透過毛遂的勸說，楚王終於被說服了，當天下午便與平原君締結盟約。很快，楚王派軍隊支援趙國，趙國於是解圍。

　　事後，平原君深感愧疚地說：「毛遂原來真是了不起的高人啊！他的三寸不爛之舌，真抵得過百萬大軍呀！可是以前我竟沒發現他。若不是毛先生挺身而出，我可要埋沒一個人才呢！」

　　在市場經濟條件下，在激烈的競爭環境中，尤其面對人才市場的激烈競爭，一個人要想躋身於人才之林，使自己更容易得到最佳發展空間，就要學習毛遂自薦的精神，更充分地展現

和奉獻自己的聰明才智，顯示出自己人生的價值，主動地自我推銷，這是十分重要的。今天的時代，是快節奏、高效率的時代，需要的是乾脆利落、敢斷敢行的作風。時間那麼寶貴，人們忍受不了那種吞吞吐吐、羞羞答答的「謙遜」，不要聽那種婆婆媽媽、拐彎抹角式的「自謙之辭」。你行，就來做；不行，就讓開。故作姿態的「謙虛」，完全沒有必要。

在現代社會，精明的企業家招聘員工，聰明的領導者挑選下屬，並不是首先看你怎樣言辭周到、謙恭有禮，而是首先看你有多少真才實學。你應當實事求是地宣傳自己的長處，有哪些才能，想做什麼，能做什麼。直來直往，使別人瞭解你。這樣，反而容易得到機會。

社會變革的加快，加速了知識更新的步伐，人們的才能和精力都受時間的制約。錯過了時機，知識就會貶值，精力就會衰退。如果一個人不能在自己的黃金時代抓住機會，大膽地、主動地貢獻出自己的聰明才智，而總是「藏而不露」，那就會貽誤時機。等到有一天別人終於發現你時，也許早已錯過，你的知識和特長已經成為過時的東西。在知識驟增的今天，不管你怎樣「學富五車」，也只能在短時間內保持優勢，能不能在這短短的時間內獲得施展的舞臺，將成為決定你成敗的關鍵。

現代社會是人才濟濟的社會，可供選擇的人才很多。你既然扭扭捏捏，羞羞答答，表示自己這也不行，那也不行，那麼，

有誰還願意明擺著能人不用，而花時間慢慢來考察了解你呢？
而且，既然存在著競爭，對於機會，別人就不會跟你謙讓，反
而會與你競爭了。一旦你錯失被選擇的機會，別人就會捷足先
登，而你只好自歎弗如了。

　　現代競爭在很大程度上就是機會的競爭，機會是至為寶貴
的。我們一遇到機會，就應當緊緊地抓住它。

　　大畫家徐悲鴻是一位伯樂，傅抱石的才能就是他發現的，
但發現的緣由卻是出於傅抱石的自我推薦。假設傅抱石不趁徐
悲鴻途經南昌的機會去拜訪他，或因矜持、靦腆、猶豫，見了
大師不敢拿出自己的作品，說話吞吞吐吐、含含糊糊，又怎能
得到徐悲鴻的賞識和幫助呢？

　　當然，我們所講的使自己得到充分表現，並不是提倡自我
吹噓，更不贊成弄虛作假，甚至貶低他人來抬高自己，但也不
欣賞那種故作姿態的過分謙虛。你只有實事求是地、勇敢地、
充分地表現自己的膽識和才能，機會才會來光顧你。

　　有人把勇於表現自己的膽識才華和「出風頭」劃上等號，
這顯然是不對的。主動進取，充分顯示自己的才能，這不是出
風頭，而是對自己的尊重以及對社會的負責。若你有些想法真
知灼見，你不宣傳，別人就不知道。有些對社會進步具有促進
作用的創新見解，你不宣傳，也就無法得到推廣。這不僅是個
人的損失，也是社會的損失。

人們只知道貝爾發明了電話，殊不知在貝爾以前，早有人發明了這類裝置，不過當時人們不理解這種發明的真正意義，因而不加理睬，這位發明人便也就此收手了。貝爾發明電話後，遭遇其實並不比這個人好，但他卻頑強地向人們宣傳自己的發明成果，像「馬戲團」那樣到許多城市去表演。在實在行不通的情況下，又辦了個「貝爾電話公司」，最後才把電話推廣開來。倘若沒有貝爾的「自吹自播」，電話怎能進入人們的家門？可見，勇於表現並不像人們想像的那樣壞。恰恰相反，這正是優秀人才不可缺少的一種品德。在這裡，當「謙謙君子」是沒有必要的，你就是自己的「伯樂」。

　　當然，自我表現和自我吹噓是有著本質區別的。自我表現者是靠真才實學，靠實實在在的行動，靠看得見的成果來表現自己的價值。而自我吹噓者則拿不出真正的東西，而單單是靠謊言和欺騙等虛假表象的東西來表現自我價值。這種自我吹噓，只有一時的誘惑力，一旦真相暴露，很快就將被人們所唾棄。

君子應當見義勇為

子曰：「君子義以為上。」
子曰：「君子義以為質。」

譯解

孔子說：「君子把『義』作為高尚的品德。」
孔子說：「君子把『義』作為做人的根本。」

　　孔子除了談過「義」，且為「上」，為「質」。孔子還說過：「見義不為，無勇也。」意思是：看到符合「義」的事情而不去做，就是沒有勇氣。反過來說，「見義而為，勇也」。

　　為什麼見義而為需要勇氣呢？原因是：利，人之欲也，人沒有不好利的。因此，見利而為，就像順水行舟，極為自然，無需勇氣；義，是外在客觀的道德準則。公利、他利，與私利

之間往往存在著矛盾。行義，就意味著對私利的克制，意味著與不符合義的行為的對抗，所以「見義而為」，需要極大的勇氣。

見義勇為，是中華民族千百年來最為崇尚的美德之一，人們對見義勇為的行逕總是給予應有的頌揚，甚至由官方頒予當之無愧的崇譽和獎賞。沒有哪一個朝代不倡導「見義而為」的風尚。從某種意義上講，「見義而為」是一種最大的施與，是對國家、社會上的大多數人的恩惠。

所以，孔子強調，君子應當見義而為。又說：「仁者必有勇，勇者未必有仁。」也就是說，具有仁義德性的人，必定有勇。勇於什麼呢？勇於仁，勇於義。但有勇的人卻不一定具有仁義的德性，因為某些勇者，只是勇於做壞事，為非作歹，是不問青紅皂白的勇。

因以孔子強調說，君子應把義作為至高無上的準則。只有把義與勇相融相合，統為一體，才能真正做到見義而為。在史料中，敢於見義勇為、甚至捨生取義的志士仁人是非常多的，墨子就是其中一個。墨子懷抱「救世」的情懷行義天下，認為只有義才能利民、利天下。所以，他以一個苦行僧的形象周遊列國，不僅極力宣傳他的學說主張，而且盡力制止非正義的，甚至為天下百姓帶來無窮災禍的戰爭，達到了見義勇為的至高境界。

　　天下有名的巧匠公輸盤，為楚國製造了一種叫做雲梯的攻城器械，楚王將要用這種器械攻打宋國。墨子當時正在魯國，聽到這個消息後，立即動身，走了十天十夜直奔楚國的都城郢，去見公輸盤。

　　公輸盤對墨子說：「夫子到這裡來有何見教呢？」

　　墨子說：「北方有人侮辱我，我想借你之力殺掉他。」公輸盤聽了很不高興。

　　墨子又說：「請允許我送你十錠黃金作為報酬。」

　　公輸盤說：「我義度行事，絕不去隨意殺人。」

　　墨子立即起身，向公輸盤拜揖說：「請聽我說，我在北方聽說你造了雲梯，並將用雲梯攻打宋國。宋國又有什麼罪過呢？楚國的土地有餘，不足的是人口。現在要為此犧牲掉本來就不足的人口，去爭奪自己已經有餘的土地，這不能算是聰明。宋國沒有罪過而去攻打它，不能說是仁。你明白這些道理卻不去諫止，不能算作忠。如果你諫止楚王而楚王不從，就是你不強。你義不殺一人，卻準備殺宋國的眾人，確實不是個明智的人。」公輸盤聽了墨子的一席話後，深為其折服。

　　墨子接著問道：「既然我說的是對的，你又為什麼不停止攻打宋國呢？」

　　公輸盤回答說：「不行啊，我已經答應過楚王了。」

　　墨子說：「何不把我引見給楚王。」

於是，公輸盤引墨子見了楚王。

墨子對楚王說道：「假定現在有這樣一個人：捨棄自己華麗貴重的彩車，卻想去偷竊鄰舍的那輛破車；捨棄自己錦繡華貴的衣服，卻想去偷竊鄰居的粗布短襖；捨棄自己的膏粱肉食，卻想去偷竊鄰居家裡的糟糠之食。楚王你認為這是個什麼樣的人呢？」

楚王說：「一定是個有偷竊毛病的人。」

墨子於是繼續說道：「楚國的國土，方圓五千里；宋國的國土，不過方圓五百里，兩者相比較，就像彩車與破車相比一樣。楚國有雲楚之澤，犀牛麋鹿遍野都是，長江、漢水又盛產魚蝦，是富甲天下的地方；宋國貧瘠，連野雞、野兔和小魚都沒有，這就好像粱肉與糟糠相比一樣。楚國有高大的松樹，紋理細密的梓樹，還有梗楠、樟木等；宋國卻沒有，這就好像錦繡衣裳與粗布短襖相比一樣。由這三件事而言，大王攻打宋國，就與那個有偷竊之癖的人並無不同，我看大王攻宋不僅不能有所得，反而還有損於大王的義。」

楚王聽後說：「你說得太好了！儘管這樣，公輸盤為我製造了雲梯，我一定要攻取宋國。」看來，僅僅依靠「義」是達不成自己的目的了；這時候，要想取得勝利，就需要「勇」和「智」了。

鑒於楚王的固執，墨子只好轉向公輸盤。墨子解下腰帶圍

作城牆，用小木塊作為守城的器械，要與公輸盤較量一番。過程中，公輸盤多次設置了攻城的巧妙變化，全部被墨子成功地抵禦。公輸盤的攻城器械已用完了，卻仍沒有攻下城池，而墨子守城的方法卻還綽綽有餘。

最後，公輸盤只好認輸了，但是卻說：「我已經知道該用什麼方法來對付你，不過我不想說出來。」

墨子也說：「我也知道你用來對付我的方法是什麼，我也是不想說出來罷了。」

楚王在一旁不知道他們兩個人到底在說什麼，忙問其故。

墨子說：「公輸盤的意思不過是要殺死我，殺死了我，宋國就無人能守住城，楚國就可以放心地去攻打宋國了。可是，我已經安排我的學生禽滑厘等三百人，帶著我設計的守城器械，正在宋國的城牆上等著你們的進攻呢！所以，即便是殺了我，也不能殺絕懂防守之道的人，楚國還是無法攻破宋國。」

楚王聽後大聲說道：「說得太好了！」他不再固執地堅持攻宋，他對墨子表示：「我不進攻宋國了。」就這樣，見義勇為的墨子成功地勸阻了楚王進攻宋國的計劃。

見義勇為，是中華民族的傳統美德之一。其本義是，看到合乎正義的事情就勇敢地去做；遇到暴徒行兇、幼童落水，以及一些意外災禍的危難關頭，應挺身而出，不惜犧牲自己的生命。勇敢，是值得提倡的，但前提是應符合正義，這是區分勇

敢與蠻橫的根本界限。

無義之勇沒有意義，見義勇為才值得頌揚。古人把勇與仁義聯繫起來，提倡義勇結合。在今天，就是要與國家、人民的利益聯繫起來，因此，打鬥、逞能、輕生的行為並不是勇敢。

義是標準，包含著是非判斷。那種講哥兒們義氣，結幫成夥，無視法律，恃強凌弱，橫行霸道，這不是見義勇為，而是「江湖義氣」，是完全錯誤的。那種出於虛榮心、好奇心的血氣之勇，一害自己，二害他人，應當反對。

見義勇為可以表現為一般問題上的敢作敢為，也可以表現為大是大非前的捨生取義。有時鬥爭是十分艱巨的，甚至還有很大危險。所以，見義勇為，往往要付出沉重代價，必須擁有無私奉獻和犧牲的精神。因此，孔子說「殺身以成仁」，孟子說「捨生而取義」，就是對這種精神的鼓勵與肯定。

見義勇為，是中華民族優良的道德傳統。儒家與兵家一貫推崇勇德。孔子把勇作為履行仁德的條件之一，認為勇必須符合於禮義，並能智勇雙全。孟子主張，為人之勇，必與大節相合，強調捨生取義的精神。兵家常把忠勇、義勇相連，強調勇德的重要性。

古往今來，見義勇為，捨生取義的英烈不勝枚舉。匡扶正義，「揭竿而起」的陳勝、吳廣；義不辱節的蘇武；守死不屈的顏真卿；深入虎穴擒賊的辛棄疾；「人生自古誰無死，留取

丹心照汗青」的文天祥；「砍頭不要緊，只要主義真」的夏明翰等。他們把正義、信念、人格、操守看得比生命更為重要。因此，在凶殘的敵人面前，他們以大無畏的精神戰勝了各種威脅，戰勝了酷刑折磨，戰勝了死亡，表現出見義勇為、殺身成仁的崇高氣節。其視死如歸的大無畏精神和宏偉氣魄，將永遠光照人間。

不能什麼事都只追求利益

論語原文

子曰：「放於利而行，多怨。」

譯解

孔子說：「什麼事都只追求利益，那就會招來很多的怨恨。」

　　這句話真正的意義是：不管做什麼事情，都不能把錢看得太重；我們應該有更長遠的目光，更高尚的追求。

　　古今中外的許多成功人士正是這樣做的。

　　蕭何曾任沛縣功曹，勤奮好學，思想機敏，對歷代律令很有研究，並好交朋友。劉邦當時為小亭長，平時不拘小節，經常惹事。蕭何就曾多次袒護他，故兩個人交情很好。公元前二

○九年，陳勝、吳廣起義。蕭何和曹參、樊噲、周勃等人商議形勢，並和早已起義的劉邦保持著聯繫。當時的沛縣令也想歸附陳勝，保住官位，就和蕭何、曹參商議。蕭何建議赦罪重用劉邦。於是他們就到芒碭山去，找到了劉邦。當他們回到沛縣後，縣令卻變卦扣押了蕭何。劉邦知道後大怒，帶兵打回沛縣，殺縣令，救蕭何，共謀大計。蕭何向大家宣佈，公推劉邦為起義的首領。

公元前二○六年十月，劉邦率軍由藍田至灞上。秦王子嬰乘素車、白馬，把印綬繫在脖子上，封好秦皇帝的璽、符、節等，在軹道（今陝西西安東）旁向劉邦投降。至此，秦滅亡。劉邦率軍進入咸陽，將士們都搶掠金銀財物，劉邦看到秦宮中華麗的裝飾，成堆的金銀珠寶，還有一群群的美女，也不覺飄飄然起來。唯獨蕭何，進入咸陽後，一不貪戀金銀財物，二不迷戀美女，卻急如星火地趕往秦丞相御史府，將秦朝有關國家戶籍、地形、法令等圖書檔案都收藏起來，待日後查用。因為依據秦朝的典制，丞相輔佐天子，處理國家大事。御史大夫對外監督各郡御史，對內接受公卿奏事。除了軍權外，丞相和御史大夫幾乎總攬一切朝政。蕭何做官多年，他深諳此道。所以，一入咸陽，便立即收藏律令圖書，使劉邦對於天下的關塞險要、戶口多寡、強弱形勢、風俗民情等等都能瞭如指掌。

劉邦重入關中後，蕭何提出政策，協助劉邦收拾關中的殘

破局面。一方面重新建立已經散亂的統治秩序，另一方面則安撫民心。先頒布法令，重新建立漢的統治秩序和統治機構，修建宮室、縣城等等。又開放原來秦朝的皇家苑囿園地，讓百姓耕種，賜給百姓爵位，減免租稅等，並讓百姓推舉年齡在五旬以上、有德行、能做表率的人，任為「三老」，每鄉一人；再選各鄉里的三老為縣三老，輔佐縣令，教化民眾，免去他們的徭役，並在每年年末賜給他們酒肉。

楚漢相爭的關鍵時期，蕭何坐鎮關中，劉邦把關中事務全部托付給蕭何。蕭何主持關中，征發兵卒，運送糧草，供應漢軍；侍奉太子，制定法令規章，建立宗廟秩序。事項報於劉邦，劉邦總是允許照辦，也可先行再報。劉邦幾次戰敗，棄軍逃跑，若蕭何稍有二心，便可置劉邦於死地。可蕭何每次都征發關中兵，補足漢軍缺額。劉邦也因此得以重新振作，多次轉危為安。

公元前二〇四年，項羽和劉邦兩軍對峙不下。劉邦卻幾次三番地派專使慰問蕭何，使蕭何深感不安。有位鮑生看出劉邦的意圖，向蕭何進言道：「漢王出征在外，屢次慰勞丞相，一定是對丞相起疑心了。丞相何不派您的子弟族人到漢王軍前效勞，以解除漢王的懷疑呢？」蕭何聽從了這一建議，劉邦果然非常高興。公元前二〇三年，項羽因連年戰爭，陷入兵盡糧絕的困境。而漢軍因蕭何坐鎮關中，不斷輸送糧食兵力，形成了兵強糧多的好形勢，終於逼得項羽兵敗垓下，自刎烏江。

蕭何獨具慧眼，不貪錢財，卻「收秦丞相御史律令圖書藏之」這件事上，古今都有定評。北宋著名詞人晏殊對此曾經說過：「周公辨九州之土壤，以奠民居；蕭何收天下之圖籍，以定帝業」。可見，蕭何收藏的這些圖志，對劉邦「定帝業」實有不可估量的作用。

在做決策時，我們要鞭策自己做出正確的抉擇，而非整天想著去追求那些對自己眼前有利的東西，要把目光放得長遠些。去追逐和掌握那些對自己的未來發展具有深遠意義的知識信息，把收入看得淡些。

就像詹姆‧布拉德萊一樣。有一次，英國女王參觀著名的格林威治天文台，當她得知擔任台長的天文學家詹姆‧布拉德萊薪水的級別很低時，表示要提高他的薪水。布拉德萊得悉此事後，懇求女王千萬別這樣做，他說：「一旦這個職位可以帶來大量收入，那麼，以後到天文台來工作的人，將不再是天文學家了。」這說明布拉德萊不僅對收入看得很淡，其他科學家也是如此，他們往往與高薪無緣。

關於工資與工作的相互關係，人們站在不同的立場，想法也有所不同。但是，有一點是肯定的，那就是：喜悅，不是只靠金錢就能得到的。工資可以減少人的不滿，但不能增加滿足感。應該說，能夠增加人的滿足感的，還是工作本身。不管什麼工作，如果能夠自發地、自主地去進行，人們就會從中感到

工作的意義。而且重要的是，選擇工作，不要只顧眼前利益，還要從有利於長遠發展的角度出發。我們在選擇工作時，也不要只考慮報酬，須記住，有得就有失。重要的是，要能夠在工作中找到樂趣和確定自己發展的方向。

君子安貧樂道

在陳絕糧，從者病，莫能興。子路慍見曰：「君子亦有窮乎？」子曰：「君子固窮，小人窮斯濫矣。」

孔子在陳國被困斷了糧，跟隨的人都餓病了，不能起身。子路憤憤不平地去見孔子說：「難道君子也應有窮困的時候嗎？」孔子說：「君子安守窮困，小人窮困便會胡作非為。」

君子安貧樂道，達觀知命。如孟子所說，雖然「無恆產」，但「有恆心」，所以能夠安守窮困，「貧賤不能移」。小人既「無恆產」，又「無恆心」，所以，一旦窮困，就會「被辟邪侈，無不為己」──也就是窮斯濫矣！需要指出的是，這裡說

孔子「在陳絕糧」，固然指的是經濟窮困，但我們理解這段文字卻不應僅僅局限於經濟窮困，所有的人生挫折，事業坎坷，人到了窮途末路，都可以理解為「窮」的範圍。而凡是到了這些關頭，君子都應該具有「固窮」的胸襟和氣度，既來之，則安之，走出困境。而不應該「窮斯濫矣」，胡作非為，鋌而走險或投機取巧，甚至屈態變節，苟且偷生。說到底，就是一個人應當如何戰勝逆境，走出困境的問題。自古雄才多磨難，聖人尚有斷糧餓飯的時候，我們受一點窮困又算得了什麼呢？面對困境，有品德的人總是能夠固守崇高的節操，他們也因此而受到世人的景仰。

著名作家朱自清就為我們樹立了光輝的典範。朱自清一生過著淡泊清苦的生活。早年，母親含辛茹苦供他求學，他讀大學的學費，是他的夫人賣了金飾貼補的。在中學教書時，他的穿衣打扮，「完全像個鄉下土佬」。到清華任教後，情況有所改善，但因子女多，開銷重，他的生活仍不富裕。抗戰期間，他的日子更難過，所穿的衣服幾乎不成樣子。一九四二年冬，昆明異常寒冷，他既沒有大衣，也沒有錢縫製棉袍，只好買了一件趕馬人披的毛氈披風，出門時披在身上，睡覺時當褥子鋪。每天早晨，他就披著毛氈從所住的鄉下趕到學校去上課。樣子太突兀，引起街上許多人注意，但他昂首闊步，自有風趣。在不少當年西南聯大學子的記憶中，朱自清教授身上的這件披

風，煞是聯大的一道風景。

　　朱自清雖窮，卻窮得極有志氣，表現出錚錚鐵骨的硬漢風格。國民黨政府曾多次請他出去做官，他不屑一顧；當局要人親自登門拜訪，他避而不見；達官貴人請他吃飯，他把自己反鎖在屋子裡，拒不出席；某名流要他寫「壽序」，出價三千元，他拒而不寫……因為勞累和貧困，到抗戰結束時，他的健康完全被摧垮了，他仍然多次帶頭在反飢餓、反內戰宣言上簽名。至一九四八年六月十八日，他已是重病在身，無錢醫治，當時有人送來一份聲明給他看，聲明中說：「為反對美國之扶日政策，為抗議上海美國總領事卡德和美大使司徒雷登對中國人之污蔑侮辱，為表示中國人民之尊嚴和氣節，我們斷然拒絕美國用以收買靈魂之一切施捨之物資，無論購買的或給予的。下列同仁同意拒絕購買美援平價麵粉，並一致退還配給證，特此聲明。」朱自清毫不猶豫地簽上了自己的名字，寧可餓死也不購買美國人的麵粉，表現了崇高的節操。

　　使人高貴的是品德。一個人要想獲得成功，最重要的就是品德。貧賤不移，威武不屈，堅韌不拔等堅持都是我們應該追求的美德。在《論語》中，還有這樣一句話：「士志於道，而恥惡衣惡食者，未足與議也。」意思是：士人立志於仁義之道，卻對粗糙的衣食引以為恥，就不值得和他談論了。也就是說既然「志於道」，而仍然在乎吃穿，就難免成為假道學了。

但是，做到了超越富貴的誘惑，甘守清貧，對於「志於道」的人來說本就是應該做到的，不值得自以為了不起。春秋時代，研究儒家學說致力於道德修養的人不一定就能得到高官厚祿，對此，有些讀書人就會不安起來。因此，孔子認為，鄙視窮困生活的人，是沒有多大的志向的，這種人只是斤斤計較於個人生活的吃穿等瑣事。因此，根本就不必與他們去談什麼道義的問題。富貴功名是人們都想要的東西，但是如何得到，社會有一定的規定。用現代的話說，就是競爭必須有一定的遊戲規則。按照正確的規則得到了富貴功名，那就心安理得地承當；如果沒有按照遊戲規則，利用歪門邪道得之，那就不應該接受。

　　同樣，貧窮卑賤是人們厭惡的東西，但擺脫貧賤也有一定的規則，利用這些規則擺脫的就是正道，否則就是歪門邪道，不符合全社會的公平原則。孔子認為一個人要是受物質環境引誘而轉移的話，就無法和他談學問、談前途。「志於道」又談享受，是矛盾的，所以「志於道」要有一種不講享受，唯道是謀的精神。

君子固窮，小人窮斯濫矣。

第三章
《論語》中的學習上進智慧

　　我們要培養的是能夠適應這個社會需要的人，而不是資格越來越老，本事越來越小的人。因此，我們必須重視學習，積極投身實踐。我們要以有智慧的方式，不間斷的學習，讓自己永遠處在從一個頂峰向另一個頂峰前進的過程裡。使少年時期享有的「年齡優勢」真正轉化為社會永遠需要的「知識優勢」、「才能優勢」或「事業優勢」。要知道走不走得到是能力問題，走不走卻是態度問題。

要珍惜美好時光

論語原文

子在川上曰：「逝者如斯夫！不捨晝夜。」

譯解

孔子在河邊說：「消逝了的時光就像這河水一樣啊！日日夜夜奔流不息。」

孔子以流水比喻時間，啟示我們，歲月如淙淙流逝的河水，要珍惜大好時光，重視時間的價值，努力學習，勤奮工作。英國哲學家培根說：「時間是衡量事業的標準」。偉人們在有限的一生中，做出了超越常人的貢獻，這就是他們偉大之所在。我們讚嘆莎士比亞的成就，常常是在讚嘆他一生的文學鉅作和六百多萬字的翻譯作品；我們佩服愛迪生的偉大，起因於激賞

他一生所貢獻的一千多項科學發明。人才隨著時間進步而成長、前進,並改造世界,同時也在時間中譜寫自己的歷史。人才對各門科學的學習和研究,必須在一定的時間內進行。人才創造的各種成果,必須經過時間來鑒定。

時間!唯有時間,才能使智力、想像力及知識轉化為成果。人們的才能想要得到充分的發揮,盡快踏上成功之路,就必須養成充分利用時間的習慣;若沒有利用時間的能力,不能充分認識、計劃、管理自己的時間,那只會失敗。時間是成功者前進的階梯。任何人想要成就一番事業,都不可能一蹴而就,必須踩著時間的階梯一級一級地登攀。

時間是成功者的資本。二十世紀美國著名生理學家瓦特·坎農在《科學研究的藝術》一書中指出:「一個研究人員可以居陋巷、食粗飯、穿破衣,可以得不到社會的認同。但是只要有時間,他就可以堅持致力於科學研究。如果剝奪了他的自由時間,他就完全毀了,再也不能為知識作貢獻了。」可見,獲得時間資本對於成功者是多麼重要,一旦損失,又是多麼令人惋惜。偉大的物理學家牛頓在研究力學時,一場熊熊大火吞噬了他的財產,也燒毀了他數年辛勤研究的手稿。牛頓並不痛惜財產的損失,而是流著淚歎息道:「可惜,時間呀!」

時間是成功者勝利的籌碼。射箭需要練一段時間才能準,畫畫也需要畫一段時間才能精。成功要有個定向積累的過程,

這是人才研究中的一個重要原理。世界上從來沒有不要花費時間，便唾手可得的成功，也沒有一蹴而就的事業。

　　一位著名的作家指出：「人的一生如此短促、如此渺小。一點點的成就，固然只需付出微小的力量及很短的時間，但想要獲致長久成功，投入很大的心力、花費很長的時間是必然的。以一天為例，只有集中心力有效利用這一天，日後必仍留存著這一天努力的成果。而如果不立下目標，懵懵懂懂得過且過的話，一天還是一天，不會留下什麼成果。一天如此，一周如此，一月如此，一年如此，一生都是如此。」因此，我們一定要養成節約時間的習慣，爭取利用有限的時間多學習，多工作，在為社會作出更大貢獻的同時，更徹底的實現自我價值。

不要虛度了青春年華

論語原文

子曰：「後生可畏，焉知來者之不如今也？四十、五十而無聞焉，斯亦不足畏也已。」

譯解

孔子說：「年輕人是可敬畏的，誰知道他們的將來不如我們這些人呢？但是，如果四五十歲了還默默無聞，那也就沒有什麼可怕的了。」

有道是「長江後浪推前浪，一代新人換舊人。」、「人到中年萬事休」、「少壯不努力，老大徒傷悲。」都是既鼓勵，又鞭策的古訓。它不斷提醒年輕人要珍惜青春的寶貴時光，努力茁壯成長，掌握足以讓老一輩感到可畏的本事。邀年輕人要

奮發有為，自強不息，莫虛度了青春年華，枉到中年時仍沒沒無聞，一是無成。

孔子說「後生可畏」，是因為他們未來還有幾十年的時間，這和老一代相比，具有很大的「年齡優勢」。如果兢兢業業，刻苦學習，勤奮工作，怎能斷定他們將來趕不上現在出類拔萃的人物呢？然而，一個人的「年齡優勢」，會隨著時光的流逝而逐漸失去。如果一生在渾渾噩噩、遊遊蕩蕩中過日子，到老還做不出什麼成績來，屆時「年齡優勢」喪失了，再後悔也就來不及了！

「天才出於勤奮」。任何人任何才能，都是透過刻苦學習和勤奮工作逐步積累起來的。有人曾經稱頌魯迅是「天才」，魯迅回答：「哪裡有天才，我是把別人喝咖啡的工夫都用在工作上了。」愛迪生也說過：「天才，就是百分之一的聰明才智，加上百分之九十九的努力。」魯迅畢生六百四十多萬字的著譯，愛迪生一生的千種發明，都為他們的話做了很好的註解。

由此可見，「後生可畏」也是有條件的，那就是要刻苦學習，勤奮工作，使自己的「年齡優勢」逐漸轉化為「知識優勢」、「才能優勢」或「事業優勢」，從而達到超過前人的目的。勤奮是生命之舟駛向理想彼岸的一面風帆，離開了勤奮二字，再大的「年齡優勢」也是沒有意義的。勤奮的反面是懈怠，有的人能勤奮於一時，但難以堅持到底。原因之一，就是不能正確

處理工作、學習和生活的關係，一不注意就鬆懈了下來。打撲克牌，看電影，本來是文化生活的一部分，然而如果樂此不疲，大好時光就會偷偷溜走。家庭之樂，親子之愛，自然為人生之樂趣，但是，太過「兒女情長」，往往使「英雄志短」。

「不會休息就不會工作」，適當的勞逸結合是完全必要的。休息是延長生命的一個處方，但過頭了反而會耗費生命。歷史上固然也有像李賀、賈誼那樣生命十分短促的著名文學家，但在舉世知名的偉人中，不也有許多長壽老人嗎？一生作了兩萬五千本讀書筆記，總共寫出一百零四部科幻小說的儒勒·凡爾納，享壽七十七歲；以惜時如金著稱於世的阿爾伯特·愛因斯坦，也是活到了七十六歲，在在都證明了勤奮並不一定使人短命。更重要的是，人活著就是為了工作，如果把安逸和享受看作生活的目的，而不求學習和工作上有所長進，那麼，二三十年之後，必然是資格越來越老，本事越來越小。到那時，早已「白了少年頭」，豈不只剩下「空悲切」的份兒嗎？

「人生在世，事業為重。一息尚存，絕不鬆勁。」這是吳玉章先生的名句。要使自己的「年齡優勢」真正轉化為「知識優勢」、「才能優勢」或「事業優勢」，需要的正是這樣一種態度。

求學是為了完成自己的人格

論語原文

子曰：「古之學者爲己，今之學者爲人。」

譯解

孔子說：「古代學者學習的目的在於加強自己的學問道德，現在學者學習的目的卻是在裝飾自己，給別人看。」

這裡說的「為己」不是為自己的名利，而是說學習修養完全是自己內心的渴望，是為了自己的心安；而「為人」，就是做給別人看，是沽名釣譽，是作秀。

孔子提倡為己，所以儒學也稱作為己之學。在孔子時代，有兩種求學方式：一種是為了做官、為了謀生，另一種則是為了完整自己的人格。從儒學的立場看，前一種是空虛的，不實在的，後一種才是實在的、能夠安身立命的，即所謂「為己之

學」。必須注意，這裡的「己」，不是一個孤立的個體，而是在一個複雜的人際關係中所顯現的中心點。這個中心點永遠也不能成為完全孤立的、與外界毫無聯繫的發展形態。因此，要完成自己的人格，也就關係到要發展他人的人格，即所謂「己欲立而立人，己欲達而達人」，這樣，就不可避免地要對社會、對國家負有責任。而真正的學者，在成就自己，完成社會責任的同時也是無私的，不求回報的。自古至今有德之人，諸葛亮鞠躬盡瘁，死而後已；文天祥堅貞不屈，慷慨就義，他們圖的是什麼？他們追求的只是完成自己的人格，不求任何回報。

對於現代年輕人來說，怎樣學習才能符合「為己」的要求呢？首要的是要注重個性培養。人才的成長不僅與智力有關，而且與非智力的個性因素關係緊密。高爾基在《遺傳的天才》一書中提出：熱情、勤奮等品質，是構成天才的重要因素。特爾曼則認為：成就的百分之七十五取決於進取心、自信心和堅持力等人格特徵。我國學者也認為：成功離不開良好的個性品質，如目標堅定而遠大、興趣廣泛而專一、情緒積極而穩定、有好奇心和求知慾、有道德感和美感、有堅持力和自制力、有自信心和進取心、有獨立性和創造性、富有幽默感等。個性和思考模式雖然受與生俱來的天性影響，但更多的是在後天的學習中培養出來的。因此，個性培養是一個人學習成就自己中，一個必不可少的學習內容。

個性培養的一個重點是要培養主動型人格。主動型人格，就是對自我的行為、學習和情感具有自動調節和自動控制的能力及意志。從成就自己的角度來說，就是要學會主動調節。主動調節又可分為目標調節、知識結構調節、和情感調節。

　　目標調節，就是在成長過程中，必須要求自己根據變化的情況，及時調整學習方向和目標，使主觀願望和客觀情況相符，才是獲得成功的要素。

　　知識結構調節，就是要在動態中建立適合自己的知識結構。事實證明，人類知識總量，每隔幾年就上漲數倍，因此，任何一勞永逸的想法和一成不變的知識結構都是不現實的。

　　情感調節，是人在活動中對客觀事物所持態度的體驗。人的喜怒哀樂情感表現，既有積極的作用，也有消極的作用，注意對消極情感的調節和控制，能調動身心的潛力，保證在任何情況下都能以最佳的心理狀態去做好工作，這一切都是現代人取得成功的必要條件。

　　主動型人格，是一種始終以主動積極的精神去面對變化中的生活，及時改變目標以適應生活的一種心理和精神狀態。這種意志和精神是智慧的象徵。

　　當然，我們的學習，不能僅僅滿足於個性的完善，關鍵還在於要奉獻社會，作出自己應有的貢獻。有學者總結了「讀書的三重境界」：為知，為己，為人。很值得我們借鑒。

　　為知，就是為了累積知識，增長學問、見識和智慧。為此，必須多讀書，而且要讀好書。宋太宗說：「開卷有益，朕不以為勞也。」皇帝如此，一般讀書人更應該把讀書當成一種永不疲倦的好事來對待。在特定情況下，「書獃子」，應是一個讀書過程，一種用功精神與狀態，不應當受到嘲笑。只要是有利於知識累積，有利於開慧益智的書，用魯迅的話說：哪怕是講扶乱的書，講婊子的書，也不要皺眉頭，裝出一副很憎惡的樣子；相反地，不妨放開心胸，翻一翻和自己觀點不同的書籍，不合時宜的書，也要拿過來看一看，甚至研究研究，以便從正反兩面獲得經驗和教訓，增加知識和才智。總之，博學從而多才多藝，這些都是「為知」的需要，也是讀者的最起碼、最基本的要求和目的。

　　為己，就是古人所說的修身、正己，培養自己的人格、道德和情操。這是讀者的第二重境界。中國的讀書人向來把佔有知識視為人品、人格自然昇華的保證，蘇東坡有「腹有詩書氣自華」的詩句，表達的就是這一意思。事實證明，讀書與不讀書，讀書多與讀書少的人，所表現出的內在氣質與人文素養是絕不相同的。常言「獨善其身」，練好「內功」，提高自身的素質和修養，從而也有益於身心健康，這是古今知識分子共同追求的讀書目標。讀書固然要博覽，但是所讀之書，也要盡可能有所選擇。換句話說，不僅要多讀書，還要讀好書，這是甚

為關鍵的。

對於讀書完全「為知」而言，「為己」已經是大大提高了一個層次和境界。這是非常寶貴的，非正人君子是不易做到的，應該大力提倡，並且大加發揚。但是光做到這一點還不夠，從更高的層次上說，還應該向前人學習，「為人」而讀書。這裡說的「為人」，不是「今之學者」的「裝飾自己，給別人看」的「為人」，而是「為天下人」，為黎民百姓。

比較而言，「為己」是讀書人「能夠」做到的，「為人」則是讀書人「應該」做到的。讀書的第三重境界，才是我們每一個現代人都應該重視和追求的終極學習目標。

與其冥思空想，不如讀書學習

論語原文

子曰:「吾嘗終日不食，終夜不寢以思，無益，不如學也。」

譯解

孔子說：「我曾經整天不吃飯，整夜不睡覺地思考，結果沒有任何收穫，還不如用來學習。」

孔子明明強調學與思並重，這裡怎麼又說思不如學呢？學與思兼顧當然最好。但退而求其次，則是與其冥思空想，不如讀書學習。《荀子‧勸學》的名言：「吾嘗終日而思矣，不如須臾之所學也。」正是孔子語錄的轉述。「學」是「思」的基礎，無「學」的基礎，一味去「思」，怎能取得進步？

「知識在於累積」，古人很懂得這個成才之道。荀子在《勸

學篇》中先用積土積水來比喻：「積土成山，風雨興焉；積水成淵，蛟龍生焉。」他還強調：「不積跬步，無以至千里，不積小流，無以成江海。」日積月累，鍥而不捨，就能累積高如大山、深如江海的豐富學養，成為有知識的人。要成為一個人才，對知識的要求是無限的。可是，那許許多多的知識，不可能一朝一夕間就裝到一個人的頭腦裡，變成自己的東西，這就充分體現了在日常生活中知識累積的重要性。

古往今來的許多重要著作，都是作者們累積了大量知識後的結晶，這充分說明了知識的重要性。北魏時期賈思勰說，他寫作農業科學著作《齊民要術》，是經過「采捃經傳，爰及歌謠，詢之老農，驗之行事」而成的。這本書共九十二篇，分為十卷，旁徵博引先秦以來的典籍一百五六十種。知識在於累積，累積是求知之道。

路要一步一步地走，知識要一點一滴的積累，積學如儲寶，積少便成多。既然許多的學問家都這樣注意知識的累積，那麼，作為現代人，要想成才，更是不可忽視對知識累積的重視，並自小做起。就這樣一點一滴，積少成多，使自己具有堅實的知識基礎，為將來的成就鋪平道路。

當然，為了避免「死讀書」，在學習的過程中，還是要掌握一些技巧的。為了使學習取得更好的效果，一定要注意三個的讀書的技能：

一、讀與思的結合。

讀書唯有經過思考、觀察和實踐，才能「讀到糊塗是明白」。對於思考與讀書的關係，古人議論很多。張載說：「萬物皆有理，若不知窮理，如夢過一生。」朱熹說：「後生學問強記不足畏，惟思索尋究者為少畏耳。」魯迅先生也說：「倘只看書，便變成書櫥，即使自己覺得有趣，而那趣味其實是已在逐漸僵化，逐漸死去了。」因此，為防止讀書硬化，甚至逐漸死去，第一要則就是思索。

二、讀與問的結合。

提問是解決問題的一半。凡是創造者，無不從發問始，創造者，必然精審細密，卻又眼光銳利，他能夠看出問題，於是發而問之，無論什麼權威，不明的就要問，問不倒的權威才是真權威，問清楚的答案才是真理解。

三、讀與做的結合。

讀書應與實踐相結合。讀而不做，時間長了，就會有點呆頭呆腦，自己看別人不明白，別人看你也有點奇怪。現代的人才個體，不但要有知識、有文化，而且要有技術、有實際工作能力。如此這般，才能學海無涯，書山有路，將古往今來的優秀書籍化為人生豐富的營養。

知之者不如好之者

論語原文

子曰：「知之者不如好之者，好之者不如樂之者。」

譯解

孔子說：「知道它的人不如喜好它的人，喜好它的人不如以它為樂的人。」

無論是學習還是進德修業等，這都是三種不同的境界：知道——喜好——樂在其中。

「知道」偏重於理性，對像外在於己，你是你，我是我，往往失之交臂，不能掌握自如。因此，當需要我們身體力行的時候，總是難以實現。比如，我們都「知道」鍛鍊身體很有好處，也很有必要，但要堅持每天早上起來鍛鍊身體，那就很少

有人能做到了。

「喜好」已經觸及情感，發生興趣。就像一位熟識的友人，如他鄉遇故知，油然而生親切之感，雖依然是外在於我，卻相交相融，物我兩知。比如讀書，大多數人是「好讀書，不求甚解」，這本看看，那本翻翻，覺得累了，就扔在一邊，明天再讀。這就是「好之者」，雖比「知之者」已經有所進步，但動力仍顯不足，境界仍顯不高。

「樂在其中」才是「樂之者」的境界。這種境界用一個恰如其分的詞語來形容，就是「陶醉」。陶醉於其中，以它為賞心樂事，就像最親密的夥伴一樣，達到物我兩忘，合二為一的境界。比如顏回，住在貧民窟裡，用竹籃子盛飯，用瓜瓢盛水，大多人都忍受不了那種窮困，而他卻樂在其中；又比如孔子，發憤起來就忘記了吃飯，高興起來就忘掉了憂愁，甚至連自己快要老了也不知道。這才是真正達到了「樂之者」的境界！因此，為了擁有源源不斷的學習動力，為了取得良好的學習效果，要有意識地去培養學習興趣。

所謂「興趣」，指人們積極探究某種事物或進行某種活動的傾向。人，作為一個生物體，每時每刻都在探究著、活動著。但人的探究和活動的情形是很不相同的，有的人是主動的，有的人是被動的；有的人任何事都不想做，覺得太累，這是一種被動的活動傾向；而有的人什麼都想做一做，把活動當成享受，

這是一種主動的活動傾向。前者是無興趣狀態，而後者就是興趣盎然。

　　興趣最重要的特性就是思維和活動的積極主動性。正因為興趣有積極主動的特性，因此它能為生活增添色彩。生活的歷程如水上行舟：有時風平浪靜；有時狂風巨浪；有時順流而下，一瀉千里；有時險峻如山，迂迴曲折。興趣能夠使你更加熱烈地擁抱生活，更加深刻地理解生活。一個有著濃郁興趣愛好的人，他的生活道路再曲折，再坎坷，也不會被生活的逆境所征服，相反，他能以自己熱烈的情感去征服生活，成為生活真正的主人。愛因斯坦說過：「對一切人來說，只有『熱愛』才是最好的老師。」

　　在某種意義上，熱愛和興趣同義。只有感興趣的事物，人才會去熱愛它，而所熱愛的東西，總是對它感興趣的。因此，我們說，興趣是最好的老師。大凡在學習創造上做出顯赫成就者，都是本身先有明確的興趣愛好，然後再發憤努力、深化拓展而做出突破性貢獻的。興趣是最自覺最持久的動力。有了濃烈的興趣，即使沒有任何外力推動，也能自動自發的調動自己的精力才華，自覺地、全神貫注地投入創造。許多科學大師、文壇巨擘、實業鉅子和在各領域中獲得成功的人才，都是從興趣愛好起步的。英國生物學家達爾文認為，對他的事業發生影響最重要的因素就是：在學校時期所發展的強烈多樣的興趣，

沉溺於自我感興趣的東西，喜愛瞭解任何複雜的問題與事物。

好奇，是開發能力的起點；興趣，是開發能力的動力；愛好，是開發能力的導師。正如郭沫若所言：「興趣愛好也有助於天才的形成。愛好出勤奮，勤奮出天才。興趣能使我們的注意力高度集中，從而使人們能完善地完成自己的工作。」興趣比理想、抱負更容易激發人的積極性和創造熱忱，更容易凝聚人的意志、毅力。它具有化苦為樂的奇功。它是一種威力無比的潛能，是創造的激發器，是學習時首要的永久動力。

興趣，是人才成長的起點，能引導人向知識的縱深領域進軍，將奮鬥者推向事業的瑰麗彼岸。在某一領域興趣盎然的人，是不會感到奮鬥之苦的。諾貝爾獎得主楊振寧曾談到自己的體會：「上海一家雜誌寫了一篇文章，介紹我的生平。文章有一個小標題叫做『終日計算，沉思苦想』。這個說法並沒有徵求我的意見，我不同意，尤其不同意這個『苦』字，什麼叫『苦』？自己不願意做，又因為外界壓力非做不可，這才叫苦。做物理學的研究沒有苦的觀念。物理學是非常引人入勝的，它對你的吸引力是不可抗拒的。如果一個人覺得做得很苦，他應該考慮是否仍要選擇這個方向？是否應該再做下去？」我們既要培養較廣泛的興趣，同時又要確定一個中心興趣，並使這一興趣保持持久、穩定的狀態。堅持發展中心興趣，能使人在某一領域貪婪地、大量地吸納知識，因而發展出特殊的才能，不斷產生

新的成績。

實踐證明，成功者幾乎無一不是在中心興趣的領域結出碩果的。自中心興趣導向成功，是人才成長的一條法則。興趣按其深度、範圍和穩定性，分有趣（初級）、樂趣（中級）和志趣（高級）。如果你的興趣廣泛，那麼，精神上會感到歡樂愉快，你也必然會有旺盛的精力和健康的身心。一個人為自己所感興趣的事打拼，往往不易感到勞累，它能使人在心理上始終保持著一種亢奮狀態。決不會感到工作是受苦、是折磨。因此，對身心發展極為有利。興趣，能使人不知疲倦地連續工作，甚至可使人將畢生的精力都獻給它。

神妙的大自然，科學、藝術的內在美，最能喚起人的興趣。有發現美的眼睛，就能快捷地捕捉到興趣所在。科學家對這種美有特別的感受。「大自然是和諧、簡潔和美妙的，是能夠被人的智慧發現和欣賞的。」「科學家們之所以研究自然是因為他能從中得到樂趣：他之所以能從中得到樂趣是因為大自然的美。如果大自然不美，就不值得去研究它，生命也就沒有存在的價值了。」童年時代，自由自在地接觸自然風物，在傾心投身大自然之中激發起自己探索未知世界的興趣，這是許多科學家走過的道路。科學、藝術、智慧的美，都會令我們傾心相投。這種美只被智慧所創造出來，也只被智慧所欣賞。我們要在擴大視野、參與多方面的實踐中，開拓自己的眼界，不斷放開眼

光，「搜索」興趣，尋覓愛好，以確定方位，找到自己癡迷的目標。

使你對學習發生興趣的辦法就是拓寬自己的知識面，廣泛閱讀，研究有關知識的歷史和方法，研究它對社會的影響，以及它與其他相似學科的關係。大腦是一個互相聯繫的巨大網路，而且這個網路越是複雜，它的工作越有成效，學習者獲得的興趣也就越多。並且，你對某個科目學到的越多，它就變得越容易。實踐活動可以不斷地使學習者體會到知識的實踐意義，深感自己知識的不足，從而激發新的學習需要，增強學習動機，滿足學習者的喜好並進一步激發更大的興趣。例如在各種模型愛好者的社團、愛玩無線電通訊的香腸族、數學研習營、乒乓球社團等活動中，學生運用所學的知識，獲得了某些新的知識，培養了求知慾，發展了學習的興趣。參加這些團體的條件之一是各門功課的學習都較好，因而爭取參加社團，也就成為鼓舞學生學習的重要動機。這些社團活動中培養起來的專業興趣，又可成為未來職業選擇的重要依據。

將學與思結合起來

論語原文

子曰：「學而不思則罔，思而不學則殆。」

譯解

孔子說：「只學習而不加思考則迷亂不明，只思考而不學習則空泛不實。」

前半句乃是告誡學人，不要只是一味地研究經典，而不進行自己的審思。「思」乃是我們獲取生活智慧途徑的另外半部，且不說是大半還是小半。無思之學不僅無益，而且有害。在這點上，它與孟子所說的「盡信書，不如無書」是一致的。正確的學思關係既有不可偏廢於「單純的學」的一面，也有不可執迷於「單純的思」的一面。思維在人認識客觀世界，乃至於科

學的發明創造中具有重要的作用。做學問時，應將學習與思考
有效結合起來。雖說「書山有路勤為徑，學海無涯苦作舟」，
但並不能完全代表學習中的真理。在學習中只有苦、勤，不一
定就能學好，還必須掌握為學之「方」，而這個「方」的發現
及掌握離不開思維，所以我們說思維才是真正的書山之徑，學
海之舟。思維是駕馭知識的途徑，是消化知識，創造新知識的
有效方式。康德說：「思維無內容則空，直觀無概念則盲。」
同樣可以說思而不學則空，學而不思則盲。一個人從接受知識
到運用知識，實際上就是一個記與識、學與思的過程。學是思
的基礎，思是學的深化，這正如人攝取食物一樣，只學不思，
那是不加咀嚼，囫圇吞棗，食而不化，難以吸收，所學知識無
法為「己有」。只有學而思之，才能將所學知識融會貫通，舉
一反三。

　　學與思相結合，是掌握知識的必經之路。無數成功者的事
例無不證明了這一點，牛頓從蘋果落地開始思考，而發現了萬
有引力定律，波以耳不小心將濃鹽酸濺到紫羅蘭上，而在清洗
花瓣時發現花瓣變成了紅色，因而發明了酸鹼指示劑⋯⋯處在
資訊爆炸時代的我們，面對如此浩瀚的知識海洋，只靠死記硬
背是不可能達到光明彼岸的。因此，現代青少年更應該做到，
在學習中思考，在思考中提出見解，培養自己的獨立思考能力
和創新能力，以適應時代的要求。再往深處發展孔子所說的思，

如果將之理解為智力、知識，那麼，這兩句話就把智力和知識的辯證關係說得相當透闢了：智力是掌握知識的條件和武器，知識又是發展智力的基礎和工具。排除智力，掌握知識，只能是空言；排除知識，發展智力，也只能是一句廢話。智力不只表現為知識本身，也表現在獲得知識的動態上。

　　學習過程裡，我們究竟要發展智力還是要掌握知識呢？對於這個問題，歷史上曾出現過兩種對立的見解。形式教育主張發展智力，不重視掌握知識；實質教育則主張掌握知識，不重視發展智力。這些互相對立的派別把智力和知識也對立起來，各執一端。我們認為，智力和知識雖然不是同一回事，不能混談；但二者也並非毫無關係，截然對立。所以在學習時，我們必須在掌握知識的基礎上發展智力，在發展智力的前提下掌握知識。學習可能是重複性的或創造性的。重複性的學習，就是死守書本，不知變通，鸚鵡學舌，人云亦云。創造性的學習，就是不拘泥，不守舊，打破框框，敢於創新。

　　一個人是進行重複性的學習，還是創造性的學習，往往與他的智力水平高低有直接關係。例如，7＋7＋7＋4＋7＋7＋7＝？重複性學習者就會採取「笨」的方法，一步一步地連加起來。但有的人則會用 7×6＋4 的方法解題，這便帶有創造性的成分。更有的人會採取 7×7－3 的方案。這個「新方案」是他「發現」的，富有較高的創造性。所以二者都是創造性的

學習，只是創造性的程度稍有差異罷了。

多題一解，即套用一個公式去解決許多問題，這便是重複性的學習；一題多解，即用幾種不同的方法去解決同一個問題，這便是創造性的學習。考試時，用書本上的話機械地回答問題，是重複性的學習；用自己的話靈活地回答問題，是創造性的學習。前者對智力的要求較低，不利於智力的發展；後者對智力的要求較高，也有利於智力的發展。

學習貴在創新，有人認為學習只是接受前人的知識，學習書本的知識，它不是科學研究，不是發明創造，根本談不上什麼創新。我們則認為，學習者固然不同於科學家，但也要求人們敢於除舊佈新。這樣才能學得活、學得深。例如，德國的數學家高斯在小學演算從一加到一百等於多少的問題時，他捨棄按部就班、機械相加的「笨」辦法，採用：1+100=101，2+99=101，……49+52=101，50+51=101。這樣正好是五十個101。於是他就很快算出了該題的結果為5050。正因為高斯很注重創造性的學習，他在中學時便發現了某些數學公式，最後更成為舉世聞名的數學家。

總之，發展智力需要學習，做好學習又需要智力。培養智力是學習的重要任務，發展智力又是學習的必要條件。只有把智力和學習有效地結合起來，才能學得多、學得快、學得深、學得巧、學得紮實、學得主動。

勤奮好學，不恥下問

論語原文

　　子貢問曰：「孔文子何以謂之『文』也？」子曰：「敏而好學，不恥下問，是以謂之『文』也。」

譯解

　　子貢問道：「孔文子為什麼諡為『文』呢？」孔子回答說：「他勤奮好學，向不如自己的人請教也從不以為恥，所以被諡為『文』。」

　　古代君主、大臣、貴族死後都要依據他生平事跡給一個稱號，這就叫「諡」，所給稱號也就叫諡號。

　　關於「文」的諡號，《逸周書・諡法解》列了經緯天地、道德博厚、學勤好問、慈惠愛民等多種品德，也就是說，凡是

有這些品德之一的，都可以諡為「文」。那麼，孔文子到底是因為哪一方面的品德而被諡為「文」的呢？子貢由此而發出了疑問，孔子於是回答：「敏而好學，不恥下問，就是肯定他的『學勤好問』」。

對一般人來說，敏而好學似乎還比較容易做到一些，而不恥下問就非常難了。因為，敏而好學不外乎是聰明而勤奮罷了；而不恥下問則是要向不如我們自己的人請教，這不只是好不好學的問題而已，還牽涉到自尊心、虛榮心的問題。人們的天性往往就是如此不可思議。如果自己位卑、能力弱、孤陋寡聞，求教於位尊者、能力強者、見多識廣者，似乎沒有什麼，不以為恥；一旦反過來，以位尊求教於位卑，以能力強求教於能力弱，以博求教於寡，便立即感到臉上不光彩，恥於開口了。所以，儘管「不恥下問」是我們經常掛在嘴邊的話，但要真正實行起來，還是需要一點過人的修養。

孔子是春秋時代偉大的思想家、政治家、教育家，儒家學派的創始人，人們都尊奉他為聖人。然而孔子認為，無論什麼人，包括他自己，都不是生下來就有學問的。一次，孔子去魯國國君的祖廟參加祭祖典禮，他不時向人詢問，差不多每件事都問到了。有人在背後嘲笑他，說他不懂禮儀，什麼都要問。孔子聽到這些議論後說：「對於不懂的事，問個明白，這正是我要求知禮的表現啊！」孔子是一位學識淵博的學者。他之所

以能成為這樣的學者，是因為他始終抱持「敏而好學，不恥下問」的態度。

他曾把人分為「生而知之者」、「學而知之者」、「困而知之者」和「因而不學者」。但他並不認為自己是天才，他說：「我並不是生來什麼都知道的人，只不過是愛好古代文化、勤於追求學問的人。」他甚至認為有十戶人家的小地方，就有位像他那樣資質的人，不過不如他好學罷了。他不同意學生們把他當作聖人，他瞧不起那種什麼也不懂，而憑空造作的人，他要求人們「多聞」，「多識」。他曾說：「三人行，必有我師焉。」意思是說：三個人走在一起，就有一個人在某方面值得我效法。當然孔子所謂的效法是正反兩面吸取教訓，選擇他們的優點加以學習，知道了他們的缺點加以警戒。善良的人是我們正面的老師，邪惡的人是我們反面的老師，二者都對我們有益。孔子曾向郯子請教歷史知識，也曾不遠千里，西去雒邑，問禮於老子，還向魯國的樂官師襄學琴。所以孔子沒有固定的老師，他以能者為師，博采眾家之長，從而使自己成為偉大的學者。

自古以來，有成就的讀書人講起經驗，受過挫折的人談到教訓，往往都會談到「不恥下問」。我國南北朝時傑出的農業學家賈思勰，一生孜孜不倦，刻苦攻讀，知識淵博。但是，這樣一位有學識的科學家，還向當時被一些人認為最低賤的農夫、牧者求教。一些人知道了這件事，就冷嘲熱諷地說：「赫

赫有名的賈思勰，怎麼還向羊倌求教，豈不太失體面了嗎？」但賈思勰毫不在意，堅持像小學生那樣，拜能者為師，所以其農學名著《齊民要求》至今流傳。

孔子認為一個人只有甘當學生，才能成為先生。一個誠實的君子應放下裝腔作勢、故弄玄虛的架子，應「不恥下問」。「不恥下問」是說要不恥於向比自己社會地位低、在學問上不如自己、甚至是自己的晚輩，去請教對方所專長的問題。唐代文學家韓愈在名垂千古的《師說》一文中，對不恥下問做了精闢的說明。他說：「比我年齡大的人，他懂的道理自然比我早，我應向他們學習；而年齡比我小的人，其懂得的道理比我新，我亦應向他學習。我是追求真理和知識，何必計較其年齡的大小呢？」所謂「無貴無賤，無長無少，道之所存，師之所存也。」在這種思想的指導下，韓愈甚至認為學生未必就不如老師，老師未必就高明於學生。「聞道有先後，術業有專攻，如是而已。」韓愈的思想是對孔子「不恥下問」思想的最好註解。

不恥下問是中華民族的傳統美德。京劇大師梅蘭芳在這方面的表現也堪稱楷模。梅蘭芳不僅在京劇藝術上有很深的造詣，而且是丹青妙手。他拜齊白石為師，虛心求教，總是執弟子之禮，經常為白石老人磨墨鋪紙，全不因為自己是一位名演員而自傲。有一次，齊白石和梅蘭芳同到一處人家做客。白石老人先到，他布衣布鞋，其他賓朋皆社會名流，或西裝革履或

長袍馬褂，齊白石顯得有些寒酸，不引人注意。不久，梅蘭芳到，主人高興相迎，其餘賓客也都蜂擁而上，一一同他握手。可梅蘭芳知道齊白石也來赴宴，便四下環顧，尋找老師。忽然，他看到了冷落在一旁的白石老人，於是，他讓過別人一隻隻伸過來的手，擠出人群向齊白石恭恭敬敬地叫了一聲「老師」，向他致意問安。在座的人見狀很驚訝，齊白石深受感動。幾天後特饋贈梅蘭芳《雪中送炭圖》，並題詩道：記得前朝享太平，布衣尊貴動公卿。如今淪落長安市，幸有梅郎識姓名。

　　梅蘭芳不僅拜畫家為師，他也拜普通人為師。他有一次在演出京劇《殺惜》時，在眾多喝彩叫好聲中，他聽到有個老年觀眾說「不好」。梅蘭芳來不及卸妝更衣，就用專車把這位老人接到家中。恭恭敬敬地對老人說：「說我不好的人，是我的老師。先生說我不好，必有高見，敬請賜教，學生決心亡羊補牢。」老人指出：「閻惜姣上樓和下樓的台步，按梨園規定，應是上七下八，博士為何八上八下？」梅蘭芳恍然大悟，連聲稱謝。以後梅蘭芳經常請這位老先生看他演出，請他指正，稱他為「老師」。

　　不恥下問的人贏得人們的敬重和愛戴，也讓我們認識到：學高為師，能者為師。

勤奮的同時不可忽視效率

論語原文

季康子問：「弟子孰為好學？」

孔子對曰：「有顏回者好學，不幸短命死矣，今也則亡。」

譯解

季康子問孔子：「你的學生中誰最好學？」

孔子回答說：「有一個叫顏回的學生很好學，不幸短命死了，現在再也沒有像他那麼好學的了。」

孔子認為，顏回是很「好學」的「不惰者」。他與孔子「言終日」而不休息，他也很聰明，能「聞一而知十」。但他身體很虛弱，二十九歲頭髮都白了，三十一歲就「不幸短命死矣」，

沒有留下什麼著述。唐朝著名的文學家韓愈說自己，「年未四十，而視茫茫，而髮蒼蒼，而齒牙動搖。」可見，「物到極時終必反」。勤奮，是一種精神狀態，是求知的動力。凡是學有所長的人，大概都懂得一些勤奮得真知的道理。但這只是看待這件事情的其中一個角度而已，另一角度是勤奮也要得法，要注意效率。任何事物都有個限度，超越限度，就會走火入魔。勤奮也是這樣，如果不得法，過度了，即使能學到知識，也會把身體搞垮。

　　人的精力是有限的，大腦皮質興奮和抑制的過程要交替進行，才能更加充分利用腦力。有位心理學家做過這樣的試驗：兩組學生，智力和學習能力都相近似，記憶同樣數量的難字，記熟之後，一組學生休息五分鐘，另一組繼續用腦，然後一起默寫。結果，休息五分鐘的一組，默寫成績比不休息的要高百分之二十八。因此可見，勤奮求知同時也要注意休息、加強身體，才能使知識和健康同時並進。

　　孔子身通六藝，是當代最了不起的學者，不僅如此，他的身體也很好，是個有名的「大力士」，據說他能力舉城關門閂，能疾跑追逐野兔。孔子教導學生的課程裡，就有射箭和駕兵車的項目。他享年七十餘歲，這在古代是超過了「古稀之年」了。宋朝著名的愛國詩人陸游，從少年時代起，不僅發奮刻苦讀書，而且特別愛好舞劍，經常與友人「倚松論劍」，還寫下了「少

年學劍白猿公，曾破浮生十歲功」的詩句。陸游活了八十五歲，寫詩九千多首，成為我國古代最多產的詩人之一。俄國大文豪列夫·托爾斯泰酷愛體育，六十七歲時還被選為俄國自行車俱樂部的名譽主席。他有時寫作累了，喜歡到工作間裡去做些勞動粗活，使自己忘記疲勞。他常說：「一個埋首於腦力的人，如果不經常活動四肢，那是一件極其痛苦的事！」他享年八十餘歲。愛因斯坦任教荷蘭萊頓大學時，已屆中年，在緊張的工作之餘，還不時和他的同道埃倫菲斯特一起演奏名曲，用音樂洗刷疲勞。

　　現在，競爭越來越激烈，青年人的學習壓力越來越大。越是這樣，我們越是要提醒自己注意用腦勿過度，做到勞逸結合，加強體育鍛鍊。「真正的勤奮者注重效率」，這真是一語中的，至當之論。

第四章
《論語》的中庸為人智慧

　　《論語》所記載的，就是孔子從生活中演繹出來，為人處世的經驗。

　　孔子講解如何為人時，反覆強調「中庸」理念。所謂「中庸」就是寬容和接納異己，設身處地為人著想，聆聽別人的心聲，和諧人際關係。

　　如果孩子在與人交往處世的過程中，記得把握這些原則，就能讓自己成為一個使他人快樂的人，讓自己快樂的心像陽光般，照亮別人，溫暖別人，自己也能因此得到積極的反饋。

　　人如果對自己要求嚴格一點，對別人就會厚道一點。厚道並不是窩囊，而是他可以包容並悲憫別人的過錯，可以設身處地，站在別人立場上想問題。

以事實為行事原則

論語原文

子曰：「君子之於天下也，無適也，無莫也，義之與比。」

譯解

君子對於天下的事情，不刻意強求，也不無故反斷，只要符合道義的原則就去做。

這句話強調的是，為人處世要靈活，善於變通，千萬不能過分死板，墨守成規。

有人問孔子：「顏回是什麼樣的人？」

孔子回答說：「顏回是懂得愛人的人，這我不如他。」

又問道：「子貢是什麼樣的人？」

孔子答道：「子貢是有口才的人，這我不如他。」

又問道：「子路是什麼樣的人？」

孔子說：「子路是勇敢的人，這我不如他。」

那個人於是質問說：「他們三個人都比老先生優秀，而他們卻都為您奔走效勞，這是為什麼呢？」

孔子說：「我懂得愛人又能殘忍，既有口才又言語鈍拙，既能勇敢又能膽怯。拿他們三人的才能，換我的本領，我是不換的。」

孔子懂得隨機應變處理問題，他也認為不夠明智，缺乏隨機應變能力的人，即使擁有超凡的才華，廉潔的品行，在面對現實狀況時的作法，和愚蠢而無品德的人是一樣的。

這段對話正說明了，為人處世靈活的重要性。孔子提出「仁」，「仁」就是愛人，但不能一味愛人，該「忍」的時候也應該「忍」，該「勇」的時候「勇」，該「怯」的時候「怯」。有的場合需要「辯」，有的場合則需要表現出「拙」。再聰明的人，不能靈活處世，不能根據實際情況處理問題，和愚蠢的人沒有兩樣。

戰國時宋國有個農夫耕田的時候，看見一隻兔子在奔跑中撞到一棵樹，碰斷脖子死了。從此他便放下手中的農具不幹活了，每天守在樹邊，希望再碰到死兔子。當然，他再也沒有等到過，這件事成了一個笑話。假使今天誰還要沿用古代的那套辦法來治理老百姓，那就像位守株待兔的農人一樣愚蠢可笑。

人類社會是不斷發展變化的，一代勝過一代，因而「聖人不期修古，不法常古，論世之事，因為之備」，必須根據不同時代的不同特點，制定相應的政治措施，絕不能因循守舊，一切率由舊章。

　　在呂不韋的《呂氏春秋》裡記載一則故事。楚國人想襲擊宋國，因此事先派人在河川較淺的地方作記號。殊不知當晚因為大雨，河水突然上漲，楚國人從沒遇過這樣的問題，以為一切都在計畫中，到了夜裡依計循著記號渡河，最後淹沒在上漲的河水裡，平白損失一千多名兵力。當時士兵驚惶失措，混亂得像天塌下來一樣，他們早先設立標示的時候，本來可以從這裡渡河。然而現在水位已經發生了變化，水漲得高多了，楚國人還是沿著原先的標示渡河，這就是他們失敗的原因。

　　明智的人必須通變，當權者必須根據不同的情況治國。這個故事告訴世人，因循守舊、墨守教條是為人處世的大敵。

　　《圍爐夜話》中說：「為人循矩度，而不見精神，則登場之傀儡也；做事守章程，而不知權變，則依樣之葫蘆也。」精通謀略的人總是能夠積極動腦，及時「製造出」急需的東西，以解燃眉之急。

　　北宋年間，朝廷派遣能征善戰的將軍狄青領兵南征。當時朝廷裡面的主和派勢力頗強，狄青所指揮的部眾也有些不願意打仗的將領，有的甚至散播謠言，說什麼「夢見神人指示，宋

兵南征必敗」。

軍中不少迷信的官兵聽了以後盡皆惶然，篤信此次南征「凶多吉少，難操勝算」。謠言傳開了，軍心一片渙散。儘管大將軍狄青一再喊話：我軍乃正義之師，戰必勝，攻必克。無奈官兵執迷於鬼神之說，收效甚微。為此，狄青和心腹大將們感到萬分憂慮。

部隊途經桂林時，適逢大雨滂沱，一連數天，烏雲蔽日，無法行軍。此時軍中謠言更甚，均謂出師不利，天降凶雨，旨在回師……。

這天黃昏，狄青帶著幾位將士冒雨巡視，路經一座古廟，見冒雨進香占卜者不少，便進廟詢問。廟中和尚說，皆因此廟神佛靈驗，有求必應，故終年拜佛占卜者絡繹不絕。狄青聽罷，心中頓生妙計。

次日清晨，他一身披掛盔甲，帶領將士入廟參佛，虔誠地供香跪拜後，他對將士們說：「本帥當眾占卜一卦，欲知南征凶吉。」

說畢，他請廟祝捧出百枚銅錢，說明這些錢幣一面塗紅，一面塗黑，然後當眾合掌祈禱：「狄青此次出兵南征，如能大獲全勝，百枚銅錢當紅面向上！」只見他將銅錢一擲，落地有聲，果然盡皆紅色。

將士們驚異萬分，興高采烈，奔走相告，一時士氣大振。

狄青當即下令不准再動銅錢，以免冒犯神靈。同時令心腹將士取來百枚長釘，把銅錢牢釘在地，然後對全軍說道：「此戰必勝，乃上天助我！待班師回朝之日，再謝神取錢吧！」

第二天雨過天晴，宋軍士氣高昂，直壓邊境。兩軍對陣，宋軍將士無不奮勇當先，所向披靡，把入侵者殺得丟盔棄甲，潰不成軍，乖乖地立下降書，表明永遠不敢再犯大宋邊境。

宋軍班師回朝時，狄青帶領一班將領到古廟謝神還願，拔釘取錢時，一位偏將忽然驚呼：「奇怪，奇怪！這百枚銅錢怎麼兩面皆是紅色？」

狄青哈哈大笑道：「此舉絕非神靈，乃是本將軍借神佛之靈，鼓舞士氣也！」

此時大家才恍然大悟，原來狄青私下和幾位心腹，暗地裡將銅錢兩面都塗成紅色，利用將士們的迷信，化驚恐為勇氣，戰勝敵人。

無論何時何地，我們一定要發揮自己的主動性、創造性，必要的時候可以進行一些變通。要善於變通，敢於變革，以免坐失良機。

善變絕非亂變，一定不能違背道義和自然規律，要變得合理、變得有據、變得有效。

把中庸作為一種道德準則

論語原文

子曰：「中庸之爲德也，其至矣乎！民鮮久矣。」

譯解

孔子說：「中庸這種種道德準則，是至高無上的，人們已經很久沒有這種美德了。」

在甲骨文裡，「中」字就已存在。《尚書‧大禹謨》裡面，將「中」提升為重要觀念。所謂「唯精唯一，允執厥中。」意思是思想要精誠專一，做事要掌握中道，不得偏頗。

孔子繼承了「中」的傳統思想，把它昇華為觀察、處理問題的基本方法，使它成為一個無所不在的哲學範疇。中庸是人的品德，是人生實踐的常道，是自我修養的原則。

據《禮記‧檀弓上》記載：孔子的學生子張（又名師）和子夏（又名商）兩人守孝期滿除喪後回來見孔子，孔子要他們兩人彈琴。

　　子張彈琴成聲，並說：「不敢不及。」

　　子夏則因太過悲慟而彈琴不成聲，並說：「不敢過也。」

　　對此，在《論語》中記錄了子貢與孔子的一段對話。

　　子貢問孔子：「師與商也孰賢？」子張與子夏相比，哪一個比較好？

　　孔子回答道：「師也過，商也不及。」意思是說，在親喪行禮方面，子張有點過分，子夏則有欠缺、不足。

　　接著，子貢又問孔子：「然則師愈與？」意思是，是不是子張好一些呢？

　　孔子回答：「過猶不及」。猶，是「同」的意思。「過猶不及」，說的是「過」和「不及」同樣不好。

　　「過猶不及」是典型中庸思想的展現。在《論語‧子路》中，孔子說：「不得中行而與之，必也狂狷乎！狂者進取，狷者有所不為也。」意思說：我找不到言行中庸的人與他們交往，就只好與性格激進或性格拘謹的人交往了！性格狂放的人敢作敢為，性格拘謹的人有些事是不敢做的。」

　　孔子按人的行為分為三種：狂、狷、中行。狂者，積極進取，有較高的理想、抱負，自信，但稍嫌偏激，言行不一定能

一致。狷者，有所不為，謙虛謹慎，但沒有很高的理想、抱負、守節卻無為。孔子認為，「狂」、「狷」這兩種人格都不完美，最理想的人格是「中行」，也就是兼有「狂」、「狷」兩者的優點，而無它們的缺點。「中行」，就是孔子所主張的中庸思想在人格上的展現。

在《論語·雍也》中，孔子又提到：「質勝文則野，文勝質則史。文質彬彬，然後君子。」質，指的是內在品質，也就是「內在美」。文，是色彩交錯，指文雅，文采，也就是「外在美」。史，指的是虛華無實，多飾少實。

這段話的意思是：質樸多於文采就顯得粗野，文采多於質樸就顯得虛浮。只有文采和質樸相宜，才算得上是真正的君子，這是孔子就是以這樣的中庸思想來描述人的品質。

在處理人際關係上，孔子同樣堅持中庸的原則：「愛之欲其生，惡之欲其死。既欲其生，又欲其死，是惑也。」意思是：喜歡一個人時恨不得他可以長命百歲，一旦厭惡他，又恨不得叫他馬上就去死。既想要他長壽，又想要他短命，以個人愛憎對待人，最容易造成迷惑。孔子意識到，人的感情是容易衝動的，所以，在處理人際關係時，需要抑制感情，掌握分寸，不可意氣用事，避免從一個極端走向另一個極端。

有人問孔子：如果被人仇恨，我可以「以德報怨」嗎？

孔子回答：「何以報德？以直報怨，以德報德。」意思是：

如果你用恩德去報答怨恨，那麼你又用什麼去報答恩德呢？應該用正直去報答怨恨，用恩德去報答恩德。「以德報怨」和「以怨報怨」，都是極端的態度，都不合中庸之理。所以，孔子認為，正確的應是「以直報怨」，這才合中道。

為人處世，行動取捨都不可失度，一旦失度就容易亂了套，壞了事，甚至因此受到懲罰。比如說：飲食無度，便會傷身；荒淫無度，必致誤國；貪婪無度，可能招來殺身之禍；玩笑無度，會傷感情，有時無意中一句笑話就與人結怨。

我們喜歡自由的生活，其實，從人類立身處世的行為方式看，所謂自由，歸根結底，應該是度中的自由，只有在一定條件下和一定範圍內，我們才能享受自由。

孔子自己的行為，也處處實踐中庸的原則，成為中庸的典範。孟子在評價孔子時說：「仲尼不為己甚者」，是說孔子從來不做過分的事，他嚴格按中庸處世。在《論語・述而》中，這麼記述孔子平日待人的容貌態度：「子溫而厲，威而不猛，恭而安。」意思是：態度溫和而嚴厲，有威嚴而不兇猛，極恭敬而又安詳，這就是孔子的中庸形象。

中庸是一種至高的德行，正是因為它平常，所以不容易實現。如同孔子說：「中庸之為德也，其至矣乎！」。以孔子的角度來看，愈是至高的品德其實愈平凡，愈是平凡，愈是人人可實踐的品德，就愈高明，愈難真正實行。孔子有弟子三千，

他卻只稱讚顏回的為人：能擇乎中庸，得一善，則拳拳服膺，而不至於喪失。可見貫徹中庸之難。

中庸是一種平常之道，它的實現並不需要有什麼特殊的方式，然而真正實現它，將它貫穿到一切人生的實踐，並非易事。因為現實中存在著許多缺乏基本道德修養的小人，這些人的行為完全為生理慾望、自然本能所驅使，以致使他們失去了道德節守。而社會現實又給人們佈下了種種陷阱、誘惑與壓迫，使許多人無法抗拒對富貴利祿的追逐，從而與世俗同流合污。因此，即使像中庸這種平常之德，這種人人可實踐、人人應當實踐的生活準則，在自然慾望和社會慾望的雙重誘惑下，反成為一種「唯聖者能之」的品德。這也告訴人們，中庸的實現決非易事，它需要有一種堅韌不拔，鍥而不捨的精神。

胸襟開闊，坦蕩做人

論語原文

子曰：「君子坦蕩蕩，小人長戚戚。」

譯解

孔子說：「君子胸襟開闊、心地純潔，因而胸襟廣闊；小人到處鑽營、患得患失，因而心懷憂慮。」

君子要做到「坦蕩蕩」，胸襟永遠是光風霽月；像春風吹拂，清爽舒適；像秋月揮灑，皎潔光華。君子內心保持這樣的境界，無論得意或艱難困苦的時候，都是很樂觀的。但不是盲目的樂觀，而是自然的胸襟開朗，對人也沒有仇怨。

小人永遠心裡憂愁、煩悶、痛苦。在事業上建功立業、取得成就的，絕非那些胸襟狹窄、鼠肚雞腸、蠅營狗苟之人，而

是那些襟懷坦蕩、寬宏大量、豁達大度者。法國作家雨果認為，世界上最寬闊的是海洋，比海洋寬闊的是天空，比天空寬闊的是人的胸襟。以肚量襟懷讚美人的寬容，歌頌人的氣度，中外盡然。

老和尚攜小和尚雲遊四方，途經一條河流，見一名女子正想過河，卻又不敢過。老和尚主動幫忙背那名女子過河，然後放下女子，又與小和尚繼續趕路。

小和尚心裡犯嘀咕：「師父怎麼了？竟敢背女子過河？」一路走，一路想，最後終於忍不住了。

他問：「師父，你犯戒了！怎麼背女人在背上？」

老和尚歎道：「我早已放下，你卻還放不下！」

這就是一個「君子坦蕩蕩，小人長戚戚」的故事。

學會寬容，心胸廣闊，思想開朗，遇事拿得起，放得下，才能永遠保持一種健康的心態。學會寬容，讓生活中充滿快樂，嘗試著寬容自己，才能寬容別人。

人對自己的認識不止是一種抽象的概念，它本身就帶有一些情感和態度，並伴隨著自我評價，比如：你對自己的評價是喜歡還是厭惡，是滿意還是不滿意。健康的心理總是使人保持愉快並且滿意地接納自己的態度。所以說，人對自己的一切，不但要充分地瞭解、正確地認識，而且還要坦然地承認，欣然地接受。不要欺騙自己、拒絕自己，更不要憎恨自己。孔子所

說的「君子坦蕩蕩，小人長戚戚」，也就是君子能自我取悅、自我接納，心情開朗，而小人不能接納自己，故常自苦、自危、自慚、自卑、自惑，以致於自毀。

接納自己是一種心理認知，與客觀環境、本身條件並不完全相關。有些人有身體缺陷，但很樂觀；有些人五官端正，卻並不喜歡自己；有些人並不富裕，卻知足常樂；有些人有錢有勢，卻並不覺得滿意。

古時有個皇帝，擁有無數的財寶、無窮的權力，但還是覺得不快樂、不幸福。於是他就去問哲學家，究竟誰是最快樂最幸福的人。哲學家回答說：「認為自己快樂、幸福的人，就是一個最快樂最幸福的人。」

其實，每個人都有優點，也都有缺點。但有的人在發現自己的缺點後，就當作包袱背起來，老是掛在心上，弄到最後，連自己原本就有的優點長處都看不到了。一個人總是讓自己在精神上被缺點、弱點壓垮，到最後反而限制了自己的聰明才智、潛在能力的發揮空間。

成功的要點並不是只要接納自己就能成功，它強調的是不接納自己就無法成功。自卑的人雖然也看到自己許多有利條件和機會，但他總認為這些條件和時機是為別人準備的，與自己並不相干，甚至認為自己根本不配接受這些條件和機會。因此他們從不努力奮鬥，也沒有和別人競爭的勇氣。

　　自卑的人就是這樣替自己設置了許多障礙。沒有一個人是能越過他自己所設置的障礙的。有句話說，你所以感到巨人高不可攀，只因為你並沒有好好站著。不信你站好試試，你一定能發現自己並不一定比別人矮一截，許多事情別人能做到，自己經過努力也能做到，重要的是要接納自己，肯定自己，對自己的優點和力量要有自覺。

　　寬容自己是一件很重要的事情。我們都要抱持這樣的觀點，一個人要生存，必須要先學會愛自己。一個人生存在世上，追根究柢，就是靠自己。如果自己都不愛惜自己的話，指望別人更是沒有希望的。所以，我們一向反對對自己尖酸刻薄。無論自己制定了怎樣的目標，無論對自己有多麼高的要求，都應該把握好分寸，不能和自己太過計較，不要給自己太大的壓力。我們主張時時肯定自己成績的原因也在於此。

　　一個人要學會寬容自己的錯誤、自己的不足，不能因為一點點小失敗就垂頭喪氣，或是自暴自棄，或是變本加厲地壓迫自己，不達目的誓不罷休。這樣的做法是沒有任何意義的。善待自己，是很重要的。把握好分寸，適度地鼓勵自己，向自己施加壓力，才是明智之舉。

　　不能壓迫自己，但是也不能縱容自己。寬容總是有一個限度，不能因為愛自己，體諒自己，然後就無限度地原諒自己，給自己的過失找各式各樣的藉口。壓迫和縱容是問題的兩個極

端，都應該被杜絕。

　　寬容自己，要做的就是對事實做適度的反省，而非計較既成的事實。不管事實有多麼嚴重，或者多麼牽動你的心思，都不重要，因為你沒有能力再去改變什麼。關鍵是要調整好心態，面對以後的日子。人要在能夠把握住的東西上花費時間和精力，這才是有意義的。

　　我們需要博大的胸襟來寬容他人，更要寬容自己。

與人相處和為貴

論語原文

有子曰：「禮之用，和為貴。先王之道，斯為美，小大由之。有所不行，知和而和，不以禮節之，亦不可行也。」

譯解

有子說：「禮的施行，貴在和諧。過去聖王的治理之道，好就好在這裡，不管小事大事都遵循和諧的原則。但也有行不通的時候，如果只是一味地求和諧，而不用禮儀來加以節制，那也是不行的。」

「和為貴」之「和」，其意義包含了「禮」。在孔子看來，君臣父子，各有嚴格的等級身份，若能各安其位，各得其宜，使尊卑上下恰到好處，如尚書中提到「八音克諧，無相奪倫」，

做到「君君、臣臣、父父、子子」，這就是「和」。顯然，「禮」之「和」，與一般所理解的和氣、和睦、和善、友好不同。在這裡，和指的是「無相奪倫」，互不侵犯，也就是相安無事，諧而不亂，所以「和」與「諧」經常是連用的。

古人提出這一點，有著深刻的含義。為什麼要以和為貴呢？因為宇宙萬物就是存在於「和」的狀態中，沒有「和」就沒有世界，沒有一切事物的存在。古人用了一些非常淺顯的例子說明這個道理，比如煮湯，要有魚、肉，還要有醬油、醋、鹽、薑、蔥、蒜等，按份量配合，用足夠的水和一定的火候，加以烹調，才能做出美味的湯；又如奏樂，只有多種樂器相配合，聲音的高低、強弱，演奏的快慢等多方面都搭配協調，才能有美妙的音樂。換句話說，就是要多種成分、多種因素相配合，達到協調、和諧，才能組合成足以取悅人心的事物。相反，如果只是單一的成分，比如只有水，不斷向鍋裡加水，沒有別的，那不管怎麼煮，就永遠只是水；如果只有一只樂器、一個音調，演奏久了，會變成噪音，不能稱其為音樂。所以古人說：「和實生物，同則不繼。」不同成分和因素的和諧配合才能生長；一切相同，沒有差別，就趨於毀滅，難以為繼。

正因為宇宙萬物有不同成份的組合，並以和諧為最高目標，所以才可貴。這一點表現在任何方面，如政通人和、家和萬事興、和氣生財等，都展現著對和諧的嚮往和追求。

「和」不僅是單純的理念，它是一種關係，是多種成分或因素協調共存的狀態。任何事物都由多種成分組成，在統一事物內的每個個體都佔著一定的地位，發揮一定的作用，只有它們各自所處的地位恰當，整體才能達到和諧。比如烹飪，各種材料的選擇搭配要恰當，每一種材料的份量也要適度，不能多，也不能少，才能做出美味佳餚。音樂也是如此，各種樂器的配合，節拍的調度，要達到一定比例的平衡，才有美感，古人把這種情形叫做「各得其所」。只有做到使萬物都各得其所，才能達到和的目標。

所以，以和為貴也不只是主觀的願望或態度，而是要實際地處理事物內部相對應的關係；要研究每個部分的特性及其相互作用，根據這種認知來進行調節，以求做到使其各得其所。無論是在人與自然的關係上，還是在社會人事上，這都是必須認真研究解決的重要問題。對自然界而言，使萬物各得其所，就是要尊重和保持其自然狀態。

自然本來就有它自己既成的秩序，是一個和諧的整體。自然界的和諧遭到破壞，都是由於人們不顧自然之道，只憑主觀要求，盲目改造、征服自然所造成的。中國傳統思想主張順應自然，就是為了使人、自然及萬物都能各得其所。

君子和而不同

論語原文

子曰：「君子和而不同，小人同而不和。」

譯解

孔子說：「君子和諧相處卻不盲目苟同；小人盲目苟同卻不能和諧相處。」

　　這就是說，君子能以自己的正確意見來糾正他人的錯誤意見，使一切恰到好處，小人則一味附和、討好他人，不願提出不同意見。孔子認為，人與人之間就本應當相互監督，相互啟發，提出不同的意見是幫助對方的一種方式。孔子本人就是一位善於接受不同意見的人，甚至是來自弟子的不同意見。他主張：學生應當仁不讓於師。

　　世界上沒有兩片完全相同的樹葉，因為葉脈就像指紋一樣
獨一無二。每個人也都是獨一無二的，人類由獨特的遺傳基因
組合而成，也因此決定了他們有不同的生理條件；再之，由於
出身背景不同，所受的教育不同，人生經歷的不同等，決定了
每個人都會擁有自己不同的思想情感、性格氣質、思維方式。
在一個文明的社會裡，只要個人的行為不妨礙社會的健康發
展，不妨礙他人的生活，他就有存在的權利，任何人都沒有權
力也不能消除這種差異。

　　因此我們不能指望得到每個人的首肯，不能與每一個人都
成為知心的朋友，你也不可能喜歡所有的人，你可以不欣賞、
不喜歡他，但你不能輕視他，他只是和你不同而已，你要尊重
這種不同；也不要在與別人交往中，一味地遷就別人，從而
失去自己的個性。人與人的交往貴在求同存異，君子之間的交
往是求和諧，但並不是一味地投別人的所好；小人的交往卻是
凡事都說「好好好是是是」，但相互之間卻難得和諧。「和而
不同」應該是我們與人交往的基本原則。

　　朋友間的交往，要恰如其分，不強交，不苟絕，不面譽以
求新，不愉悅以苟合，其關係的處理，也就是「君子為人，和
而不流」，即小事「和」，而大事「不流」。

　　在我們的生活當中，可能你也會遇到一些意見、看法跟大
家相去甚遠的人。大家都同意的時候，他總有出人意料的主見。

除非是明顯違背了真理，我們應學會用寬容的心，學習和接納
這些不同的聲音。

羅蘭德說：「弱者懼怕他人的意見，愚者抗拒他人的意見，
智者研判他人的意見，巧者誘導他人的意見。」容納別人的觀
點並不是一件很容易做到的事情，它要求我們首先要開放自己
的心靈。

著名物理學家玻爾認為，如果你把兩種對立的思想結合在
一起，你的思想就會暫時處在一個不確定的狀態。這種思想的
「懸念」使思考的智力活躍起來並創造出一種新的思維方式，
對立的思想，糾結纏繞成為新的觀點，激發新的創造。這樣一
來，你的思想也就發展到了一個新的水平。

我們要想更好地與人相處並從這種相處中獲得更多的好
處，同樣也必須具有這種開放性，了解人們不同的觀點是克服
主觀、武斷之妙法。

如果你覺得那些不同的觀點是缺乏理智、蠻橫無理、令人
厭惡的話，你就得提醒自己：在他們的眼中，你或許也是如此。

朋友之間，不破壞原則的問題上應謙和禮讓，寬厚仁慈，
糊塗一點，但在大是大非面前，則應保持清醒，不能一團和氣。
見不義不善之舉應阻之正之，如力不至此，亦應做到不助之。
如果明明知道有人在行不義不善之事，卻因他是長輩、上司、
朋友，即默而容之，這就是一種很自私的趨避。有時候，堅定

心智做好人，的確是會冒風險的，也可能會受到暫時的委屈，受到別人的不理解，但是，這種公正的品德，最終會贏得人們的尊敬。

我們都知道《說唐》裡鼎鼎大名的尉遲恭是一名莽勇的將軍，卻不知他在唐史裡，也是一位以「和而不流」著稱於世的君子。有一次，唐太宗李世民閒暇無事，與吏部尚書唐儉下棋。唐儉是個直性子的人，平時不善逢迎，又好逞強。與皇帝下棋，當然也使出自己的渾身解數，架炮跳馬，把唐太宗打了個落花流水。唐太宗心中大怒，想起他平時種種的不敬，更是無法克制自己，立即下令貶唐儉為潭州刺史，這還不算，唐太宗又找了尉遲恭來，對他說：「唐儉對我這樣不敬，我要藉懲罰他來告誡百官。不過現在尚無具體的罪名可定，你去他家一次，聽他是否對我的處理有怨言，若有，即可以此定他的死罪！」尉遲恭聽後，覺得太宗這種殺雞儆猴的做法太過分，所以，當第二天太宗召問他唐儉的情況時，尉遲恭就是不肯回答，反而說：「陛下請你好好考慮考慮這件事，到底該怎樣處理。」唐太宗氣極了，把手中的玉笏狠狠地朝地下一摔，轉身就走。尉遲恭見了，也只好退下。

唐太宗回到上書房後，冷靜下來自覺無理，為了挽回面子，於是大開宴會，召三品官入席，並宣佈道：「今天請大家來，是為了表彰尉遲恭的品行。由於尉遲恭的勸諫，唐儉得以免死，

使他有再生之幸；我也由此免了枉殺的罪名，並加我以知過即改的品德，尉遲恭自己也免去了說假話冤屈人的罪過，得到了忠直的榮譽。尉遲恭得綢緞千匹之賜。」

唐太宗這樣做，當然主要還是為了顯示自己的「明正」；同時，為此他當然也感激尉遲恭；假如尉遲恭真的按他的話去陷唐儉而致其死，又安知唐太宗「明正」起來，不治罪尉遲恭呢？

我們與朋友相處也是一樣，如果是真心待人，就應該對他加以愛護，不但幫助他渡過種種難關，也要幫助他克服種種弱點，天長日久，朋友們自然會瞭解你的為人和品格。對自己的上司和同事也要如此。孔子主張和而不同，因而他堅決反對與世俗同流合污。他說：「君子矜而不爭，群而不黨。」「君子周而不比，小人比而不周。」君子莊重而不固執，團結而不結黨營私，小人則結黨營私，同流合污。所以君子中庸，小人反中庸。反中庸，就是不願表示自己的意見，不分是非曲直，一味與世俗同流合污。孔子怒斥這種作風，認為這是對道德的踐踏。

孔子和而不同的思想，是一種人生的智慧。它告訴人們如何對待不同的意見，怎樣看待他人的批評，時至今日，仍發人深省。

先行後言，多行少言

論語原文

子貢問君子。

子曰：「先行其言，而後從之。」

譯解

有一次，子貢問孔子該怎麼做一個君子。

孔子說：「對於想說的話，自己先做。等到你做完了，用不著你說，大家都會聽從你、順從你。這就可以說是一個君子了。」

跟君子相對立的是小人。區別君子和小人，極重要的一點是：君子多做事少說話，小人啥事沒做，就先誇誇其談。「君子約言，小人先言。」

有兩種人讓孔子認為「難矣」——即頭疼得很。一種是「群居終日，言不及義，好行小慧，難矣」。沒有真本事、整天混在一起聊天，沒有一句正經話的人；另一種是「飽食終日，無所用心，難矣哉！」只知道吃飯不做正事的人。

孔子一再申明：君子「言之必可行」，「恥其言而過其行」。主張「訥於言而敏於行」。這裡的「言」具有諾言、言論之意，它主要是指有關政治、道德、人生方面的言論。「行」主要是道德踐履和政治社會活動。言與行的關係就是知與行的關係，也就是理論與實踐的關係。

孔子主張，言之必可行，實際上是承認了理論對實踐、言對行，有規範指導的作用，承認了理論、計劃、方案必須切實可行。當然正確的理論計劃、政策、法令有利於政治活動，會給社會帶來良好的影響，而君子有意義的議論、名言警句亦有利於人生修養，有利於樹立自己的美好形象。反之則會給社會帶來災難，給自己帶來恥辱甚至災禍。故而孔子要求君子「訥於言」、「慎其言」，再三告誡人們說話要謹慎，對言之無物，說而不做，或言過其實的行為應感到羞恥。他主張君子要「敏於行」。「敏於行」即身體力行，切實去做。他反對空說大話，主張言行一致的思想。這項主張，即使在今天也不過時。孔子主張的是身體力行的實踐。對於每個人來說，這些都是應該具備的品格。

　　子產是春秋末期出色的政治家。他當政之初，因為大膽改革，富於實幹，所以得罪了一些人。有人就說：「誰能殺了子產，我們就跟隨他。」子產聽了，不以為然。為了鄭國的內政，他實行了一連串措施。他鑄書於鼎上，作為國家的常法，同時用法律形式鼓勵拓荒。三年之後，鄭國大有改觀。人們就改變了口氣，稱頌說：「我有子弟，子產教誨他們；我有田疇，子產使它們豐收。子產若是死了，誰能夠接替他？」

　　在內政管理上，子產不妨民口，當有人主張對毀謗執政者處以重刑時，他堅決反對；他對於自己的執政管理不怕別人議論，並以正確議論作為治病的良方，這些足可看出子產對「行」的注重。也正因如此，子產死時，鄭國人民如親人去世一般，無不悲哀痛哭。一個人立身處世，如果不重視行為，而一味誇誇其談，往往有害而無利。

　　這裡有一個關於莊子的故事。有一回，莊子家已經窮到連米都沒有了，無奈之下，硬著頭皮到監理河道的官吏家去借糧。監河侯見莊子登門求助，爽快地答應借糧。

　　他說：「可以，待我收到租稅後，馬上借你三百兩銀子。」莊子聽罷，臉都氣得變了色。

　　莊子憤然地對他說：「我昨天趕路到府上來時，半路突聽呼救聲。環顧四周不見人影，再觀察周圍，原來是在乾涸的車轍裡躺著一條鯽魚。」

莊子歎了口氣接著說：「它見到我，像遇見救星般向我求救。據稱，這條鯽魚原住東海，不幸淪落車轍裡，無力自拔，眼看快要死了，請求路人給點水，救救性命。」

　　監河侯聽了莊周的話後，問：「那你是否給了水救助鯽魚？」

　　莊子白了監河侯一眼，冷冷地說：「我說可以，等我到南方，勸說吳王和越王，請他們把西江的水引到你這兒來，把你接回東海老家去罷！」

　　監河侯聽傻了眼，對莊子的救助方法感到十分荒唐。

　　「那怎麼行呢？」

　　「是啊，鯽魚聽了我的主意，當即氣得睜大了眼，說眼下斷了水，沒有安身之處，只需幾桶水就能解困，你說的所謂引水全是空頭大話，不用等把水引來，我早就成了魚市上的魚乾啦！」

　　遠水解不了近火，這是常識。這篇寓言揭露了監河侯假大方，真吝嗇的偽善面目，對於這種講空話，不解決實際問題之人的慣用伎倆無疑是一大諷刺。

　　老子也曾說：「多言則窮。」意思是輕易許諾往往就會失去信用。可以說，這就是多言弊害的例子，言論一旦脫口而出，便無法再收回，所以不能不慎重對待。

　　十句話中對了九句，未必有人稱讚，但如果有一句說錯

了，就會招致各方面的責備怨尤；十次計謀九次成功了，未必能得到獎賞，但若有一次不成功，就很容易招致各方面的批評誹謗。所以，君子處世寧可沉默寡語，也不願急躁多言；寧可顯得笨拙些，也不願自作聰明。多言常是招禍的根源。多言的失誤，會使人失去信用，失去部下或上司對自己的誠信。少說話不僅確保安全，而且能給人留下持重、非同凡俗的印象。

當然，沉默寡言未必是智慧的徵兆，故作深沉或天性木訥者也是有的。但是，我們確信：誇誇其談者，必無智慧。

曾經有個名人參加會議時一言不發，事後，一位評論家對他說：「如果你蠢，你做得很聰明；如果你聰明，你做得很蠢。」當時這話說得很機智，表面上意思是說：蠢人因沉默而未暴露其蠢，所以聰明；聰明人因沉默而未表現其聰明，所以蠢。然而仔細琢磨後，發現不然。聰明人必須表現自己的聰明嗎？聰明人非說話不可嗎？聰明人一定有話可說嗎？再也沒有比聽聰明人在無話可說時偏要長篇大論地說聰明的廢話更讓人厭煩的了，此時他不但做得很蠢，他的表現更是自曝其短。

那種因為表現慾而誇誇其談的人，畢竟還不失為天真。但今日之聰明人，已經不滿足於這無利可圖的虛榮，他們要大張旗鼓地推銷自己，力求賣個好價錢。於是，我們接連看到，靠著媒體炒作，平庸詩人發出摘諾貝爾獎的豪言，俗不可耐的小說躍居暢銷書目榜首，尚未開拍的電視劇先聲奪人鬧得沸沸揚

揚。種種熱鬧一時的吹噓和喝彩，終是虛聲浮名。在萬象喧囂的背後，在一切語言消失之處，隱藏著世界的祕密。世界無邊無際，有聲的世界只是其中很小一部分。只聽見語言而不會傾聽沉默的人，是被聲音堵住了耳朵的聾子。懂得沉默價值的人，卻有一雙善於傾聽沉默的耳朵。

當然，多言有害，不是要你不言；重實際行動，也不是要你只做不說。應提倡的是：不言而已，一言則直指要害並實行之。這才是對待言論及行動的正確態度。

選擇和有仁德的人住在一起

論語原文

子曰：「性相近也，習相遠也。」

子曰：「里仁為美。擇不處仁，焉得知？」

譯解

孔子說：「人性本來是相近的，只因為教養的不同，便相差很遠了。」

孔子說：「跟有仁德的人住在一起，是很好的。居住的地方若不是風俗仁厚的地方，怎麼說得上明智呢？」

孔子認為，人的本性是相近的，但由於環境不同，使人們後天的習性產生了重大差異。孔子說的「性」指人原始的本性的本性，本性在人與人之間本無多大區別。「習」，指的是後

天之性，是人性社會化的結果。習之所以因人而異，原因是後
天環境的影響。人的「天性」，在後天社會環境中會改變，人
的慾望隨著人的社會化，隨著時間的推移會發生變化。後天環
境不同，人的後天之性就產生差異，有時甚至相去甚遠。

　　孔子把人性分成「性」、「習」兩個範疇，充分顯示了後
天環境對人的現實人性，產生塑造的重要作用。因此，孔子很
重視環境對後天之「習」的影響。他強調，居住的地方要認真
選擇；交往的朋友，要審慎地進行篩選。

　　「孟母三遷」，就是呼應孔子所提到的「里仁為美」，因
而「擇鄰而居」的故事。孟子是中國歷史上一位很了不起的大
思想家。後人稱他為「亞聖」，在人們心目中，他僅次於孔子。
但是，孟子小時候，也和一般的孩子一樣，很頑皮，很貪玩，
不願學習，整天和小朋友打打鬧鬧。他的母親為了他的教育問
題，時常感到苦惱，可說是用盡了苦心。最初，他們的家住在
一處公墓附近。由於耳濡目染，經常接觸的緣故，孟子和鄰居
的小朋友都學會了喪葬儀式。於是，他們在沒事可做的時候，
便聚在一起，模仿那些出殯送葬的人，又哭又號，又跪又拜的，
玩辦喪事的遊戲。孟子的母親發現了以後，連連搖頭說：「唉！
這個地方怎麼能繼續住下去呢？」於是，他們就搬家了。

　　這回搬到街市裡來了，離一個熱鬧的集市不遠。由於孟子
和鄰居的小朋友經常出入市場，在市場裡面玩，因此很快就學

會大人做買賣那一套，你扮買主，我裝賣家，你吹牛，我誇口，把商人那種招攬客人的模樣，學得惟妙惟肖。孟子的母親看兒子學成這樣，又皺起眉頭，連說：「不行，這地方也不行，還是要搬家。」

於是，她又開始到處找房子。這一次，他們的新居就在一所學校的附近，孟子耳聞目染都是學校中的事，學著和孩子們一起讀書，一起遊戲，很快的孟子就變成了一個彬彬有禮、勤奮好學的好孩子了。

孟子的母親看到自己的孩子，孜孜不倦地用心讀書，會心地笑了，她非常滿意這次搬遷，自言自語道：「這才是適合居住的地方啊！」

從這個故事中，我們可以看出孟母確實是一位很了不起的母親，她深知一個人的才智不是天生的，需要經過後天的學習和鍛鍊。她重視環境對成長的重要性。如果沒有孟母三遷，說不一定孟子還成不了「亞聖」呢！

下面的這個「高價買鄰」的故事，也印證了古人對「擇鄰而居」的重視。南朝時候，有個叫呂僧珍的人，生性誠懇老實，又是飽學之士，待人忠實厚道，從不跟人家耍心眼。呂僧珍的家教極嚴，他對每一個晚輩都耐心教導、嚴格要求、注意監督，所以他家形成了優良的家風，家庭中的每一個成員都待人和氣、品行端正。呂僧珍的家訓和好名聲遠近馳名。

南康郡守季雅是個正直的人，他為官清正耿直，秉公執法，從來不願屈服於達官貴人的威脅利誘，為此他得罪了很多人，一些大官僚都視他為眼中釘、肉中刺，總想除去這塊心病。終於，季雅被革了職。

季雅被罷官以後，一家人只好從氣派的大府第搬了出來。到哪裡去住呢？季雅不願隨隨便便地找個地方住下，他頗費了一番心思，四處打聽，看哪裡最符合他的心願。

很快，他就從別人口中得知，呂僧珍家是一個君子世家，家風極好，不禁大喜。季雅來到呂家附近，發現呂家子弟個個溫文爾雅，知書達理，果然名不虛傳。說來也巧，呂家隔壁的鄰居正好要搬家，打算把房子賣掉。季雅趕快去找那房子的主人，表示願意出一千萬錢的高價買下來，那家人很是滿意，二話不說就答應了。於是季雅將家眷接來，就在這裡住下了。

呂僧珍聽說新鄰居住進來了，過來拜訪季雅。兩人寒暄一番，談了一會兒話，呂僧珍問季雅：「先生買這幢宅院，花了多少錢呢？」季雅據實回答。

呂僧珍很吃驚：「據我所知，這處宅院已不算新了，也不算很大，怎麼價錢如此之高呢？」

季雅笑了，回答說：「我這錢裡面，一百萬錢是用來買宅院的，九百萬錢是用來買您這位道德高尚、治家嚴謹的好鄰居的啊！」季雅寧肯出高得驚人的價錢，也要選一個好鄰居，因

為他知道好鄰居會帶給他的家庭良好的影響。

所謂「近朱者赤，近墨者黑」，環境對於一個人各方面的影響，是不容忽視的，我們應當萬分珍惜身邊的良師益友；同時，我們要努力採取積極、主動的作法，盡量和成功者為伍。

生活環境對一個人來說極為重要，周圍的環境究竟是愉快和諧還是令人沉悶，身邊的朋友對你究竟是經常激勵支持還是漠不關心，對一個人理想的樹立和成就的取得都有著極重要的影響，甚至關係到一個人的前途與命運。每個人的體內都蘊藏著巨大的潛能，只是很少被發掘，一旦被激發，也許只微不足道的一句格言，一次講演，一則故事，一本書，一句鼓勵……被發掘的潛能就會從酣睡中甦醒，促使人們做出天大的事業。

「物以類聚，人以群分」這句話一點都不假。縱觀社會，成功者的身邊總是圍繞著同樣成功的人士，差別的只是成就的大小；而散漫者的圈子裡也都是散漫的人，失敗者也總是與失敗者為伍，因為正是他們的不幸使得他們互相吸引，共同哀歎。

很多人厭倦了大城市的繁華，他們不喜歡高壓力的生活，鄉村的安靜與舒適總是魂牽夢縈著他們的心靈。可是，要知道，身處小城市或者鄉村中很容易消磨一個人的雄心壯志，也缺少足夠的激勵，在這樣環境裡，人們與世無爭地生活著，無法透過一定的標準來衡量自己的能力，周圍沒有什麼東西可以刺激這些人們的進取心，個人的能力很容易消散在樂天知命的日常

生活中。

　　印第安人生活在部落中，大部分的部落是些安逸的居民，雖然文化的確有其可貴，但他們很少具有較高的知識水準，所以，從部落中出來的印第安小孩一開始個個神態憨拘、一副很靦腆的樣子。可是當其中一部分人在結束大學學業之後，他們所散發的神態已經大不相同，甚至有些人顯得氣宇軒昂、才華橫溢，看起來注定要做一番大事業的樣子。這些新鮮人有的並沒有選擇到更大的地方深造，或者到不同的領域裡一展拳腳，他們決定回到原來居住的部落，但也沒有想過貢獻所學，反而只顧著享受周圍人的艷羨的目光。在自鳴得意，不思進取之下，很快，他們就又回到了原來的樣子了。因為他們放棄了能夠激勵自己的環境，剛剛激發的潛能很快就再度被催眠，這樣豈不可惜！

　　所以，無論你處於什麼樣的環境中，從現在起，要不惜一切代價進入能夠激發自己潛能的氛圍中，努力接近那些瞭解你、信任你、鼓勵你的人。多接觸成功人士，多閱讀名人的成功傳記，這樣做之後，相信對你日後能否成功將有莫大的影響。

不損害、侵犯他人的人格

論語原文

孔子曰：「君子有九思：視思明，聽思聰，色思溫，貌思恭，言思忠，事思敬，疑思問，忿思難，見得思義。」

譯解

孔子說：「君子有九種思慮：看的時候要想想看清楚了沒有；聽的時候要想想聽明白了沒有；待人的臉色要想想是否溫和；對人的態度要想想是否恭敬；說話要想想是否忠誠；做事要想想是否認真；有了疑問要想想怎樣向人請教；遇事發怒時要想想後果；有利可得時要想想是否正當。」

「貌思恭」、「事思敬」就是強調恭在貌，敬在心——凡與人交往，先要存恭敬之心，不敢怠慢。如果肆無忌憚地把自己的意志強加於人，在實質上就算損害、侵犯了他人的人格、

尊嚴，最後終將造成人際衝突。

《論語》中還有強調類似主張的一段話：「事君數，斯辱矣；朋友數，斯疏矣。」意思是：服侍君主太頻繁瑣碎，反而會招來羞辱；與朋友相交太頻繁瑣碎，反而會遭到疏遠。

君臣之間也好，朋友之間也好，保持一定的距離反而是安全之道。從中我們可以得到這樣的啟示，在與人交往的時候，要注意禮貌和恭敬，對好朋友也要以禮相待，切不可失禮。

朋友之間的關係，即使再親密，也不能不講禮儀。過於隨便，會使朋友產生厭惡之情；而恰當的禮儀，不但能增進彼此之間的友誼，還能得到朋友的信任，相互成為事業上的夥伴，生意中的幫手。

朋友間和諧的交往，必須以恰當的感情作為維繫，這種感情固然不能矯揉造作，但基本禮儀還是要遵守的。中國素有禮儀之邦的美譽，用禮儀來維護和表達感情是人之常情。好朋友之間講究禮儀，當然不是說在一切情況下都要堅守不必要的繁文縟節，而是強調好友之間要相互尊重，絕不能涉足對方的禁區。

每個人都希望擁有一片屬於自己的天地，朋友之間過於隨便，就容易侵入這片禁區，從而引起矛盾與衝突。比如，不問對方是否空閒、願意與否，任意支配或佔用對方已有安排的寶貴時間，一說起來就不願停止，全然沒有意識到對方的難處與

不便；或「死纏爛打」的追尋對方不願啟齒的祕密，一味探聽
對方祕而不宣的私事；或忘記了「人親財不親」的古訓，忽視
朋友間是感情一體而不是經濟一體的事實，花錢不記你我，用
物不分彼此。凡此等等，都是不尊重朋友，都是侵犯、干涉他
人的壞習慣。偶爾疏忽，可以理解忍受。長此以往，必生嫌隙，
導致朋友的疏遠或厭倦，最後友誼漸漸淡化、惡化。因此，好
朋友之間也應講究客套，恪守交友之道。

第五章
《論語》的忠恕處世智慧

　　中華傳統文化是以人倫為中心的文化，家庭有家庭倫理，社會有社會倫理，人與人之間有人倫。倫理的中心思想就是「和」，在處理人與人、人群與人群、國家與國家關係的過程中，總是以「和」為貴。

　　怎麼才能到達「和」呢？用孔子的話說，就是「愛人」。這「愛人」其實是《論語》處理社會人際關係的基本原則，具體一點就是「忠恕」。「忠恕」是什麼？就是「己欲立而立人，己欲達而達人」，自己想達到什麼目的，就先讓別人得到滿足。與此相對應的是「己所不欲，勿施於人」，自己不喜歡的，不要給別人；自己接受不了的，不要強加於人。

做好應該做的事

論語原文

子曰：「非其鬼而祭之，諂也。見義不為，無勇也。」

譯解

孔子說：「不是自己應當祭祀的鬼神，卻去祭祀他，這是諂媚。見到應該做的事卻不做，就是沒有勇氣。」

這段話意思說：該做的事就要做好。要達到這個目的，需要把握好兩個基本的環節：一是要明確目標，確定自己到底應該做什麼；二是要考慮如何圓滿完成該做的工作。

許多人之所以一事無成，最根本原因在於他們不知道自己到底要做什麼。因此，明確自己的目標和方向是非常必要的。只有知道你的目標是什麼、到底想做什麼之後，你才能夠達到

自己的目的，你的夢想才會變成現實。

如果你想有所作為，就必須清晰明確地做出決定自己到底想做一個什麼樣的人，或者說，到底想做成什麼事情。一定要有個明確的目標，並且把這個目標銘記在心，不能朝三暮四，游移不定。要努力工作，堅定不移，你心中所描繪的藍圖才會變成現實。

在自己的職責範圍之內，工作中的每一件事都值得我們去做，而且要專心地去做。羅浮宮藏有一幅莫內的油畫，畫的是女修道院廚房裡的場面。畫面上正在辛勤工作的，不是普通人而是一群天使。一個正在爐上燒水，一個優雅地提起水壺，另外一個穿著廚娘的裝扮，正伸出手去拿餐具──這是一般廚房裡最司空見慣、日復一日的工作，天使們卻做得全神貫注、一絲不苟。

工作本身並不足以說明它真正的性質，而是由正在做這樣工作的我們，秉持著什麼樣的精神狀態來決定。工作是否乏味無聊，往往和我們做它時的心情狀態有關。

每個人都有自己的理想，實踐理想的方式使整個生命變得不同，你在行事時所表現出的姿態，使你和周圍的人產生區別。你對工作的態度，有可能使你的思路更寬廣，也有可能變得更為狹隘；有可能使你所從事的職業變得更為高尚，也有可能變得更為俗不可耐。各式各樣的工作對於你的人生都具有十分重

要的意義。

　　你是個建築工程師嗎？在磚塊與砂漿之間有否感受到詩意？你從事圖書管理工作嗎？在辛勞工作，整理書籍的閒暇時光，有否感受到自己正身處知識的海洋？你是學校的教師嗎？是否對每天重複的教育工作感到厭煩？還是一見到自己的學生，就變得極為有耐心，一切的煩躁就此煙消雲散。

　　假如只從他人的角度或是世俗的標準來衡量我們的職業，一切的勞力付出也許真是毫無希望、單調乏味的，看不到任何意義，沒有一點吸引力。但是其內在價值，只有身歷其境者，才能感受到其中的滋味。

　　由此，我們知道：人們看待問題的角度，會依個人主觀意識而有所局限，只有從內部去觀察，才能看清事物實際的本質。有些工作只從表象看似乎索然無味，只有親手實踐的人，才可能感受到真正的意義。所以，不管是否幸運，每個人都應該從工作本身去理解它，將工作看成是生命的權利和榮譽——只有這樣，才會讓你保有獨立的個性。

　　任何一項工作都值得我們去做。不要輕視我們所從事的每一項工作，即便是最不起眼的事，也應該盡職盡責、全力以赴地去完成。小事情順利完成，有利於你對重大事物的成功把握。一步一腳印地努力向前，便不會輕易失敗。在工作中獲得強大力量的訣竅，就是這種務實的態度。

欲速則不達

論語原文

　　子夏爲莒父宰，問政。子曰：「無欲速，無見小利。欲速則不達，見小利則大事不成。」

譯解

　　子夏在魯國莒父這個地方做總管，問孔子怎樣辦理政事。孔子說：「不要求快，不要貪求小利。求快反而達不到目的，貪求小利就做不成大事。」

　　「欲速則不達」就是說，做什麼事都要循序漸進，不要貪圖快。對於從政者來說，不能只是盲目地強求速成的「政績」，不顧客觀條件的限制；對於學習者來說，要注意打好基礎，循序漸進，以免囫圇吞棗，影響學習效果。

舉重者練習舉重之初，通常先從他們舉得動的重量開始，經過一段時間後，才慢慢地增加重量。優秀的拳擊經理人，都會為自己旗下的拳手安排較容易對付的敵手，而後逐漸地改為與較強的對手交鋒。我們可以把這一原則應用到每一地方，也就是說，先從易於成功的「對象」開始，逐漸推展到較為困難的工作。為了取得良好的效果，青少年在學習中一定要堅持「循序漸進」的原則，即按照科學知識的體系和學習者的智能條件，有系統按步驟地進行。學習之所以要循序漸進，原因在於所有事物都具有嚴密的內在邏輯關係，我們只有逐步進行地去學習，才能真正學會。

　　宋代教育家朱熹說：「讀書之法，在循序而漸進，熟讀而深思」、「未得於前，則不敢求其後，未通乎此，則不敢忘乎後。」「循序而有常」。他反對雜亂無章，企圖一步登天的做法，更反對貪圖「捷徑」，不求甚解的學風。荀子也曾對循序漸進之理說過：「騏驥一躍，不能十步；駑馬十駕，功在不捨。鍥而捨之，朽木不折；鍥而不捨，金石可鏤。」循序漸進的規律，就是指求知要由淺入深，由易到難，由近及遠，由此及彼，由表及裡，由低階至高階，由簡單到複雜，由少到多，由具體到抽象，逐步地鑽研到精髓，達到理想的勝境。

　　依照循序漸進的原則，青少年在學習時當然要量力而行，逐漸積累。所有學科都有其形成的系統，青少年本身的身心發

展，也有其過程。因此，學習時，要考慮自己的接受能力，不宜操之過急，要注意學習的階段性。在一定時候學一定內容，不能錯過學習良機，也不能勉強「超前」，脫離智力發展的可能性。如此，才能擺脫「欲速則不達」的弊病，漸進而穩當地一點一滴累積成知識的長河。再者，打好紮實的基礎也是不能忽視的，切忌好高騖遠。這正如古人所說：「九層之台，起於累土；千里之行，始於足下。」

　　循序漸進看起來進步不顯著，成果不明顯，可是，這種進步是一步一個腳印的進步，因此，最終必然是高效、省時。義大利著名畫家達文西從簡單的線條開始，循序漸進，逐步提高了觀察對象、表現事物的能力，練就了高超的繪畫本領，終於成為文藝復興時期的代表。為了奠定發展的良好基礎，我們在學習時，一定要養成循序漸進的好習慣。

討好、逢迎他人必須有原則

論語原文

子曰：「唯仁者能好人，能惡人。」

譯解

孔子說：「只有那些有仁德的人，才能在愛人時不添加自私的情緒，在批判他人時，不致流於攻擊而造成傷害。」

「愛」和「憎」是相連的。儒家在講「仁」的時候，不僅要說「愛人」，同時也要談到「恨人」。只要做到了「仁」，必然能執行正確的愛和恨。

一個真正的君子既不可能受到所有人的喜愛，也不可能被所有人反對，因為人群中有正直誠信的君子，也有品行惡劣的小人。孔子堅決反對那種不分是非，不講原則，一味追求他人

喜好的鄉愿。

對待不同的人，採取不同的態度，才能避免善惡不分、助紂為虐。魯迅先生對待好人和惡人的態度是，「橫眉冷對千夫指，俯首甘為孺子牛」。莎士比亞在《哈姆雷特》中說：「我必須殘忍，才能善良。」不是要我們不懷慈悲，喪失愛心，而是強調，應當有節制而且超然地表示同情。這種好惡分明的態度，是值得我們借鑒的。

每個人都渴望慷慨解囊，無私奉獻，這包括愛、同情、尊敬和物質財富的幫助。然而，這一現實使太多人覺得自己太渺小，內心惶恐。儘管如此，我們依然不時地付出自己的能力，與窮人分享我們的財產，甚至超越自己所能負擔的能力。

我們常常見到，人們很容易同情那些不知名的窮人，為他們慷慨解囊，比對我們認為是自己的「親人」要容易得多。然而，這種過分的慷慨，並沒有帶來足夠多正面的效果。對一些人來說，似乎你的施予，是他們應得的，就好像你欠他們似的。他們因此而變得懶惰、貪婪，並滋生了強烈的依賴性，滿足於接受「嗟來之食」的寄生蟲生活。另一方面，更讓人不可思議的是，我們常常不善待那些通常最支持最愛我們的人。

這裡有一則故事，貝絲和麗莎是相識二十多年的好姊妹，麗沙是一位失婚的婦人，離婚後獨自生活了十幾年。最近，貝絲的丈夫突然通知她，說他要跟貝絲離婚，在不明究理的情況

下，貝絲的房子被先生給賣了，她只好搬到麗莎的家裡去住。

麗莎對貝絲的遭遇感同身受，於是竭盡全力幫助她，為了幫助貝絲減少生活開支，她邀請貝絲跟她住在一起，分文不取。麗莎散盡了自己所有的積蓄，只因為同情貝絲的遭遇，對貝絲的一切需要，她二話不說，給予一切援助。六個月過後，貝絲還是為了一些原因，搬離了麗莎的住處。麗莎覺得自己受到了背叛，兩人之間產生了心結，再也沒有說過話。麗莎對她的朋友說：「我很快地敞開自己的胸懷，毫無保留地給予一切，甚至是金錢援助。因為太同情貝絲的遭遇，我無法壓抑自己不去幫助她，可是，貝絲的要求卻愈來愈多。」

這個故事的啟示是，為了做到善良，我們不得不接受棘手的事。在生活中，表現自己善良和慷慨的一面時，節制是很必要的，要適度抑制自己對他人過度同情的想法。同情是一種心理狀態，不是盲目地比賽你能為別人做多少事情。想要真正做到與人為善，就必須適時抑制自己過分行善的慾望。同樣的道理，好的父母都知道，控制自己不過度嬌縱和溺愛孩子，是很重要的。他們明白：「我必須殘忍，才能善良。」這是個不可忽視的原則。

同時，「能好人，能惡人」也可以用在同一個人身上。即我們對一個人的優點、美好的言行要充分肯定；對其缺點和不妥言行，則不能隨便遷就逢迎。古時候，尹綽和赦厥同在趙簡

子手下當官，赦厥為人圓滑，善於見風轉舵，看主人的臉色行事，從來不說讓主人不高興的話。尹綽就不是這樣，他性格率直，對主人忠心耿耿盡忠職守。

　　一次趙簡子帶尹綽、赦厥及其他隨從外出打獵，一隻灰色的大野兔突然竄出來，趙簡子命隨從全部出動，策馬追捕野兔，誰先抓到誰就能受賞。眾隨從奮力追捕，結果踩壞了一大片莊稼，最後抓到了，趙簡子十分高興，對抓到野兔的隨從大加獎勵。此時尹綽卻表示反對，還批評趙簡子的做法不妥。

　　趙簡子不高興地說：「這位隨從聽從命令，動作敏捷，還能按我的旨意辦事，我為什麼不能獎勵他呢？」

　　尹綽說：「他只知道討好您，根本不顧老百姓們種的莊稼，這種人不值得獎勵。當然，錯誤的根源在您的身上，您不提出那樣的要求，他也不會那樣去做。」趙簡子聽了，心裡很不開心。

　　又一次，趙簡子因前一天晚上飲酒過多，醉臥不起，直到第二天已近中午，仍在醉夢中。這時，楚國一位賢人應趙簡子三個月前的邀請，前來求見，赦厥接待了那位賢人。為了不打擾趙簡子睡覺，赦厥婉言推辭了那位楚國人的求見，結果使那位賢人掃興而去。趙簡子直睡到黃昏才醒來，赦厥除了關心趙簡子是否睡得香甜外，對來人求見的事只是輕描淡寫地敷衍了幾句。

趙簡子常對手下人說：「赦厥真是我的好助手，他真心輔助我，從不肯在別人面前批評我的過錯，生怕傷害了我。可是尹綽就不是這樣，他對我，連一點缺點都毫不放過，哪怕是當著許多人的面，也對我吹毛求疵，完全不顧及我的面子。」

　　尹綽聽到這些話後，又跑去找趙簡子，他說：「您的話錯了！作為臣下，就應幫助您實踐謀略，並維護您的人格。赦厥從不批評您，從不留心您的過錯，更不會要您改正錯誤。而我呢，總是注意您的處世為人一舉一動，凡有不檢點或不妥之處，我都要給您指出來，好讓您及時修正，這樣才算盡到了臣子的職責。如果我連您醜惡的一面也加以愛護，那對您有什麼益處呢？如果您的醜惡越來越多，那又如何能保持您美好的形象和尊嚴呢？」趙簡子聽了，似有所悟。

　　真正的愛護並不是一味討好，而是在發現對方的缺點錯誤後，能真心指出並要求他改正，幫助他變得更加完美。

說話注意對象

論語原文

　　子曰：「可與共學，未可與適道；可與適道，未可與立；可與立，未可與權。」

　　子曰：「中人以上，可以語上也；中人以下，不可以語上也。」

譯解

　　孔子說：「可以一起學習，但未必可以志同道合；可以志同道合，但未必可以一起立業；可以一起立業，在碰到困難的問題時，未必可以一起通權達變。」

　　孔子說：「中等資質以上的人，可以跟他講高深的道理；中等資質以下的人，就不能跟他談太高深的知識了。」

這兩段話強調的是，在與人交往的時候，說話要看對象，要學會見什麼人說什麼話。在這方面，孔子因為帶著學生出外講學、遊覽，一路上十分辛苦，所以有很多切身的體會和經驗。

這一天，孔子一行人來到稻田邊，他們在樹蔭下休息吃點乾糧，不料，孔子的馬掙脫了韁繩，跑到田裡吃了人家的麥苗。

一個農夫上前抓住韁繩，動手就將馬扣下了。

子貢是孔子得意的門生之一，以能言善辯見長。他自告奮勇上前去，企圖說服那個農夫，爭取和解。可是，他說起話來文謅謅的，滿口之乎者也，大道理講了一串又一串。儘管費盡口舌，農夫就是聽不進去。

有一位剛剛跟隨孔子不久的新學生，論學識、才幹遠不如子貢。當他看到子貢與農夫僵持不下時，便對孔子說：「老師，請讓我去試試看。」

於是他走到農夫面前，笑著對農夫說：「你並不是在遙遠的東海種田，我們也不是在遙遠的西海耕地，我們彼此靠得很近。畜生只是畜生，所以不懂份際，一不小心就會吃到你的莊稼。再說了，說不定哪天你的牛也會吃掉我的莊稼呢，你說是不是？我們該彼此諒解才是。」農夫聽了這番話，覺得有道理，就不再繼續責怪他們，也將馬還給了孔子。

旁邊幾個農夫也互相議論說：「像這樣說話才算有道理，哪像剛才那個人，說話不中聽。」

　　看起來，說話必須看對象、看場合，否則，你再能言善辯，別人也不買你的帳。

　　《論語》還提到了另一個故事。

　　一次，子路問孔子：「學了禮樂，就可以行動起來嗎？」

　　孔子說：「有父兄在，怎麼可以先行動起來呢？應當先聽聽父兄的意見才好。」

　　接著，冉有也問同樣的問題。

　　孔子卻說：「好啊，學了禮樂，就應該馬上行動起來。」

　　公西華在旁邊聽了，深感疑惑不解，向孔子請教。

　　孔子說：「冉有這個人平常總是擔心東擔心西的，要鼓勵他勇往直前；而子路卻是好勇過人，甚至有點魯莽，應當讓他冷靜點。」孔子能做到因材施教，說話因人而異，不愧為傑出的教育家。

　　看來，說話要講究對象。俗話說：「見人說人話，見鬼說鬼話。」說話不看對象，不僅達不到自己的目的，往往還會帶來麻煩。那麼，在生活中，怎樣才能做到「見什麼人說什麼話」呢？

　　一、看對方的身份地位。比如，與上司說話，或是探討工作，就應該盡量用「請教」的語氣，與上司溝通工作方法，討教辦事經驗，他會覺得你尊重他，看得起他。比如說，在工作時，即使你全都懂，也要裝出有不明白的地方，然後主動去問

上司：「關於這事，我不太瞭解，應該如何辦？」或「這件事依我看來這樣做比較好，不知您有何高見？」上司一定會很高興地說：「嗯，就照這樣做！」「這個地方你要稍微注意一下！」或指導你應該要如何執行。如此一來，不但可以減少錯誤，上司也會因為感受到自身的價值，而更加願意提供幫助和支持，後面的事情就好辦得多了。

戰國時期著名的縱橫家鬼谷子，也曾經討論過與不同身份的人交談的辦法：「說人主者，必與之言奇：說人臣者，必與之言私。」意思是：與上司說話時，要用奇特的事打動他，與部屬說話時，則用切身利益說服他。即使到今天，這句話還是具有一定的道理。

二、針對對方的特點。與人交談不但要看對方的身份、地位，還要看對方的性格特點，針對他的不同特點，採取不同的說話方式，這樣才有利於解決問題。比如，對方性格豪爽，便可以單刀直入；若對方性情遲緩，則要「慢工出細活」；若對方生性多疑，切忌處處表白，應該不動聲色，使其疑惑自消等等。

對此，鬼谷子說，和聰明的人說話，須憑見聞廣博；與見聞廣博的人說話，須憑辨析能力；與地位高的人說話，態度要軒昂；與有錢的人說話，言辭要豪爽；與窮人說話，要動之以利；與地位低的人說話，要謙遜有禮；與勇敢的人說話，不要怯懦；

與愚笨的人說話，可以鋒芒畢露。

三、重視對方年齡的差異。對年輕人，應採用煽動的語言；對中年人，應講明利害，供他們斟酌；對老年人，應以商量的口吻，盡量表示尊重的態度。

四、文化程度的差異。一個人的文化教養與理解能力密切相關，所以說話時要善於根據對方的理解能力，選用合適的話語表達。如果不看對象，隨意用詞，就不能取得預期的交流效果。一般來說，對於理解能力低的人所採用的方法應簡單明確，多使用一些具體的數字和例子；對於理解能力高的人，則可以採取抽象的說理方法。

五、興趣愛好的差異。凡是有興趣愛好的人，當你談起有關他的愛好這方面的事情來，對方都會興致盎然。同時，對你無形中也會產生好感。因此，如果你能從此入手，就會為下一步的遊說打下良好的基礎。

忠言相告，好語勸導

論語原文

子貢問友。

子曰：「忠告而善道之，不可則止，毋自辱焉。」

譯解

子貢問怎樣對待朋友。

孔子說：「忠言相告，好言勸導，他不聽就算了，不要自找羞辱。」

　　在與封建統治者長期共處的過程中，入仕的士人漸漸懂得如何把握人生。一方面要生存下去，而且不依賴統治者的賞賜，全憑自己在經濟上獨立自足；另一方面也要體現普遍推崇

的「道」，以個人的知識去影響所依附的統治者。這就是對統治者的作為，保持謹慎的溫和批判態度。

所謂「溫和批判」，是孔子採用的處世辦法，即對封建專制儘管不滿意，卻也不說要推翻它。孔子和孟子到處批評國君，其實不是要取而代之，他們只是批評國君的不足之處，以「保民而王」的標準，去勸誡統治者勤政、愛民、納諫、尚賢，做一個有道的明君，不要做無道的昏君。這種作法實際是維護統治者的根本利益，而且沒有任何威脅統治者固有地位的企圖，得以為統治者所容忍。

不過，這種溫和批判又有一定的「度」，像唐太宗一樣的明君度量大，批評的話可以多說一點，像秦始皇這樣的暴君度量小，批評的話幾乎沒什麼人敢說。因此如何拿捏「度」，便成了人生智慧的基本環節。

比如說，你當然有義務勸諫你的上級，你的朋友，但如果他們不採納你的意見，那也就算了。總之你該說的都說了，已經仁至義盡。如果你硬要強迫他們接受你的意見，一廂情願地逼人瞭解你的忠心耿耿、忠貞友情，一見面就嘮嘮叨叨、咄咄逼人，到最後可能使得上級討厭你，朋友疏遠你，反而自取其辱。

這方面在歷史上例子很多，比如魏徵那樣傑出的大臣，遇到唐太宗這種寬宏大量的皇帝，也曾經好幾次因上諫唐太宗差

點丟掉性命？若是遇到平庸的皇帝，忠臣即便拚死一諫，也不外乎是白丟了自己的命，根本沒有效果。所以，還是保持一點距離為好，能行則行，不行則止。

對於現代人來說，運用這一原則，並不是要你在人際關係上耍滑頭，也不是對朋友不忠。交朋友雖人重要，但應該有些具體的標準與條件。志同道合，是作為朋友的基礎和主要條件。既然雙方有共同的理想志願，那麼，說話做事自然是契合同道的。

朋友有了麻煩或為了什麼事情想不開，站在朋友的立場要真心地勸告，善意地勸解，這是該做的，但不能強求。

若朋友願意聽你分析，願意相信善意的勸解，這自然是好的；若是不聽就算了，說到底，誰能預測最後事情究竟會變成什麼樣子。

可以肯定的是，若對方不願意接受你的意見，而你卻堅持到底，太過固執勸戒的後果，雙方或許會不歡而散。因此孔夫子才有「立刻停止，不要自取其辱」的告誡。

在評論人時，說話的方式也是一個重點，一定要以「忠告而善道之」的方式進行說服。所謂的善，就是要注意評論的方式。大部分人認為被批評是一件丟面子的事，因為「丟臉」，受批評者可能產生反抗情緒。許多時候，言語尖刻的批評，往往造成反效果。但是，如果能夠很恰當地把握批評的方法及尺

度，加上巧妙的表達形式，正如苦藥加上一層糖衣，減輕了吃藥者的痛苦，一切也容易多了。

比如，父母在責備孩子的時候，就必需記得「糖衣策略」。所有父母親對孩子都有期望，甚至很早便已設定孩子成長的藍圖。但實際上，孩子越大就越有自己的想法，父母一廂情願的期許，往往是親子間衝突的導火線。所以常有父母親責怪小孩：「你為什麼不聽我的話？將來沒出息可別怨我！」這些話說出來除了彼此怨懟，有什麼作用呢？

在責備他人時，我們至少得考慮到三件事：

一、如何使對方能率直接受？

二、如何讓對方激起更高的意願？

三、怎樣才不致傷及對方的自尊？

在責備他人之前若能先顧慮到上列幾項，便不致使用過於嚴厲的話語，無情的抨擊對方，即使對方是個孩子。

當責備的對象是小孩時，更應讓小孩在挨罵時「明白自己為什麼挨罵」。當他們已經有了這種自覺後，父母就該適時停止責罵。若持續地逼他們俯首認罪或者當眾羞辱，自然不可能有好的後果。

有兩點必須讓小孩知道：

一、做那些事時父母會有哪些想法？

二、做壞事時父母絕不會稍加寬容！

將原則交代清楚之後，孩子才容易明白準則在哪裡。所以，責備絕非是把想說的話說出口而已，讓對方接受並使他願意改進，更為重要。

不能無原則的講究信用

論語原文

「言必信,行必果,硜硜然小人哉!」

譯解

如果曾說過的話,不分是非都要做到,辦的所有事,不分是非都要有結果,那不是有道德的君子所為,只是淺薄固執己見的小人罷了!

孔子重「信」,但反對無原則地講究信用,強調一個人的守信要符合道義,否則,只知道重然諾,而不懂得分辨是非善惡,「信」就可能會轉為「惡」。

因此,在對待「信」的問題上,切忌不分善惡,採取盲目的行動。對於這一點,孔子的學生有若補充說:「信近於義,

言可復也」，意思是說：信約如果符合道義，諾言就可以履行了。如果情況相反，說的話有不對的地方，執行上不合道義，這種話就可以不用履行。由此可見，合於「義」的言，才要講「信」；不合「義」的，實在不應堅持講究信用。

孔子周遊列國，在路過衛國的蒲邑時，適逢公孫氏在蒲邑聚眾鬧事。蒲邑有幾個鬧事者抓住孔子，對他說：「你必須答應不去衛國都城，不把這裡的事傳到那裡去，我們才能放你出城。否則，你就只能老實地待在這裡。」

孔子心想，若不答應他們的要求，自己將被困在城中，一事無成。這又何苦呢？現在答應他們的要求又有何妨呢？於是孔子與蒲人訂下了不去衛國都城的盟約。盟約訂了，孔子卻把它當作廢紙一張，一出城門就毫不猶豫地把車往衛國都城的方向駛去，好像根本沒有發生過訂立盟約的事似的。

大車悠悠前行，孔子一路上教導學生們說：「一個人不講信用是絕對不可以的，就好像大車沒有軸，小車沒有輪一樣，它靠什麼行走呢？」

這時，子貢問孔子：「您現在是往衛國都城去嗎？」

「是的。」

「您不是與蒲人訂立過不去衛國都城的盟約嗎？」

「訂立過。」

「違背盟約是講信用嗎？」

「不是。」

「那麼您不也成了不講信用的人了嗎？」

孔子沉下臉來，反問子貢：「不去衛國都城是我們的真實本意嗎？」

「當然不是。」

「強迫別人訂盟約，是仁義的嗎？是明智的嗎？」

「當然不仁義，不明智。」

「我們為什麼要對不仁義、不明智的人守信用呢？我們為什麼要對不能反映我們真實本意的盟約守信用呢？連鬼神都不會聽這一套。」

子貢若有所悟，無言以對。

孔子接著告誡弟子們：「大信不信。」意思是說：最守信用的人也不拘泥於被強迫簽訂的不合理盟約。具有大智慧的人，以仁愛為本，以天下為己任，決不會被耍弄小技巧的人所困擾。

可見，孔子並不主張毫無原則地講信。他認為，不分是非，不辨善惡，說錯了還要堅持，做錯了還要硬掰，這不是君子而是小人。

關於這一思想孟子也說過：「言不必信，行不必果，唯義所適。」就是說言行以合大義為準則，合乎大義之言則執行，不合則廢止。

我們不能不講求信和義。但是這種信和義應該服從大局，應該符合國家利益和民族利益。當某些約定和國家利益、民族利益發生衝突的時候，我們要有勇氣從大局出發，做出正確的抉擇。

要結交正直、誠信的朋友

論語原文

孔子曰：「益者三友，損者三友。友直，友諒，友多聞，益矣。友便辟，友善柔，友便佞，損矣。」

譯解

孔子說：「有益的朋友有三種，有害的朋友也有三種。正直的朋友，誠信的朋友，知識廣博的朋友，是有益的。而諂媚逢迎的朋友，表面奉承卻在背後誹謗人的朋友，善於花言巧語的朋友，是有害的。」

明代蘇浚將朋友分為四種：「道義相砥，過失相規，畏友也；緩急可共，生死可托，密友也；甘言如飴，遊戲征遂，暱友也；利則相合，患則相傾，賊友也。」因此，交友要選擇，

多交益友、畏友、密友，不交損友、暱友、賊友。

「近朱者赤，近墨者黑。」這些古訓說明交友對一個人的思想、品德、學識會產生深刻的影響。清代馮班認為：朋友的影響比老師還大，因為這種影響是氣習相染、潛移默化的，久而久之就會不知不覺地受其影響。這就是《孔子家語》說的：「與君子遊，如入芝蘭之室，久而不聞其香，則與之化矣。與小人遊，如入鮑魚之肆，久而不聞其臭，亦與之化矣。」涉世不深的青年人，尤應注意「謹交遊、慎擇友」的古訓。

其實，真正懂得交友的人，多能交上對自己有益的朋友。所謂有益的朋友有三種類型，即「正直的人」、「誠實的人」和「有教養的人」。而無益的朋友亦有三種類型，即「虛偽的人」、「個性軟弱的人」和「卑諂善辯的人」。孔子的「益者三友，損者三友」論，兩千多年來一直受到人們的重視。

這裡所謂「益友」、「損友」就客觀而言，實在很難加以定論，孰是孰非更難分辨。尤其初認識當時，並沒有跡象顯示朋友的缺點或壞處，就純交朋友的立場而言，即使朋友有某些缺點，或行為有失檢點之處，只要堅持自己做人處事的原則，不要受其影響，甚至可以利用機會婉言開導他改邪歸正重新做人。

在人際關係中不僅要以「誠懇」的態度和「互助」的精神互相激勵向上，保持和睦和諧的人際關係，更要隨時保持自己

的原則和自主性，不能無主張地任意與朋友妥協，甚至同流合污、狼狽為奸，不僅危害社會還會斷送自己的前程。因此，結交朋友應謹記三種堅持，隨時反省檢討。

一、不受利誘的堅持。交朋友不要只看到對方有錢財、有勢力或高官爵位，不要單憑自己的喜愛或慾望而蓄意接近攀交。

二、冷靜思考的堅持。凡與朋友交往過程中，要隨時保持冷靜，仔細的考核、分析及判斷，凡事做長遠考慮，分析其可能的結果與所受的影響。

三、自我反省的堅持。在人際關係上，應該隨時自我反省檢討、改進自己的缺點，並仔細觀察對方的個性與資質，發現對方的優點並互相學習。

要結交有益的朋友，除了要具有上述的心理準備外，選擇朋友還要重視其內在涵養、品德修養及學識思想都應該在自己之上，正如孔子在「學而篇」的教訓：「主忠信無友不如己者」。教導世人交的朋友要選擇各方面能力都比自己強，對自己才有益處。

交友有一個選擇的過程。開始是結識和初交，在交往過程中互相瞭解以後，才由初交成為熟悉的朋友。朋友可能是暫時的，也可能是永久的。從學習、工作的需要出發，本著互惠互利、共同發展的原則，結交一些志同道合的朋友是有益的。如

果不僅志同道合，而且感情深厚，心靈相通，這樣就可以從合作共事的朋友變成生死相依、患難與共的知音知己。

在現實生活中，朋友大致可以分為三類：一類是工作朋友，即由於工作原因而結識的朋友，如同事、客戶等；另一類是生活朋友，即是以前在學校或生活中結識的朋友；第三類就是一般性的「點頭」朋友。如果濫交朋友，到最後可能就變成沒有真正的朋友了。

我們交朋友的目的是讓生活充實、豐富，能在工作之餘有人一起娛樂、一起聊天；有利於工作，希望在工作上能得到朋友的幫助。朋友太多就不可能有太多時間去了解、交流，也就不可能建立真正的友誼，朋友之間沒有一定的感情基礎，那麼就很難談得上互相幫忙。所以能結識一些相互欣賞、有情有義的朋友才是最好的。

濫交朋友的人多半生活缺乏原則。如果你以認識的朋友多為榮，那你肯定會主動去拉攏各式各樣的人，只要有機會，你就會熱情主動地結識。但要記住，人際交往最忌諱大獻慇勤，不卑不亢是交際的首要原則，因為自尊是交往中首要的吸引力，如果拋棄自尊去討好別人，肯定得不到別人的尊重。而且以朋友多為榮的人，都希望結識更多有錢有勢的風雲人物，而這些風雲人物們最看不起的，就是刻意討好的行為，他們見得最多的就是這種人。濫交朋友的人，若不注意這點，一不小心

　　就會失去自我，讓人瞧不起，後果往往是找不到真正的朋友。

　　和朋友建立深厚的友誼需要各種努力。首先就是要花時間，即使是青梅竹馬，幾年不聯繫也會形同陌路。因為社會在變，人也在變，不經常交流肯定會產生隔閡。朋友太多的人，肯定沒有時間和人交心，也因此沒有機會精心栽培友誼，他們把朋友當作稻穗一樣，以為認識了就像把稻穗撿回家裡，以後想用就可以隨時用。

　　建立友誼需要不斷地付出。朋友間的友誼就像愛情一樣是個空盒子，首先你得傾注關心、幫助、理解，然後你才能得到相對的關心、幫助、理解。濫交朋友的人沒這麼多時間和精力不斷地付出，所以他的朋友都只是一些點頭之交。萬一不幸交了個壞蛋無賴朋友，那就麻煩了。如果導致騙錢，佔便宜，要錢不要命，那你就更危險了。

道不同，不相為謀

論語原文

子曰：「道不同，不相為謀。」

譯解

孔子說：「志向不同，不在一起謀劃共事。」

所謂「人各有志。」又所謂「燕雀安知鴻鵠之志！」其實就是道不同，不相為謀。當然，「道」在這裡的含義非常廣泛，既可指人生志向，也可指思想觀念、學術主張等。譬如說：伯夷、叔齊義不食周粟，餓死於首陽山。這是政治態度不同不相為謀。學老子的人不屑於儒學，學儒學的人也不屑於老子。這是思想觀念、學術主張不同不相為謀。

在「齊景公逼走孔夫子」的故事裡提到，魯國重用孔子後，

國政大治，百姓安樂。齊國國君齊景公為此深感憂慮，便對大夫黎彌說：「自孔子相魯以來，魯國日益強大，對我國的威脅極大，這該如何是好？」

黎彌沉思了一會兒說：「想辦法逼走孔夫子，魯國失去孔子，必然孱弱如初。」

齊景公問：「孔夫子在魯國正受寵，怎樣才能逼走他？」

黎彌把自己的計策說了出來：「俗語說，飽暖生淫慾，貧窮起盜心。今日魯國太平了，魯定公必有好色之念。如果選一群美女送給他，讓他日日夜夜在脂粉堆裡打滾。一本正經的孔夫子還能誠心輔佐他嗎？他們君臣還能像過去一樣合作緊密嗎？這樣一來，準能把孔子氣走，大王就可以安枕無憂了！」

齊景公連稱妙計，令黎彌挑選八十名美女，教她們唱歌跳舞以及魅惑男人的方法。隨後派使者將這些美女和一百二十匹寶馬良駒送到了魯國。

使者見到魯定公後，馬上令美女們表演。只見這些美女腰肢款擺，巧笑媚視，輕歌曼舞，魯定公看得神魂顛倒，不能自己。

「大王再看看我帶來的那些良馬吧？」齊國使者說。

魯定公此時心思全在美女身上，不耐煩地說：「不用看了，這些美人我都沒瞧夠，還提什麼良馬！」

自這天起，魯定公「芙蓉帳底度春宵，從此君王不早朝」。

孔子見魯定公沉迷酒色，不理朝政，十分憂心。他幾次勸說魯定公，最後都毫無效果，不了了之。最後，孔子感到自己的抱負無法在魯國施展，認為既然「道不同，不相為謀」，那麼就帶領弟子繼續周遊列國去吧！魯國終究還是失去了孔子的輔佐。

　　另一個關於晉國范子華的故事。范子華雖不為官卻遠近馳名，深受晉王重用，影響力比三卿大夫還大。范子華在家裡供養了一批門客，其中禾生和子伯是范家的上賓。有回兩人相約出遊，途中借宿在一位名叫商丘開的老農夫家裡，夜半兩人聊起范子華在京城裡的名氣……

　　他們的對話被無意間經過窗外的商丘開聽見了。商丘開想，既然范子華這麼能幹，乾脆找他求個好差事。第二天，他用草袋裝著借來的乾糧，進城去找范子華了。

　　范子華的門客都是些富家子弟，他們衣著華貴、舉止輕浮、出手豪奢、目空一切。當商丘開這個又黑又瘦、衣冠不整的窮老頭走近時，他們都投以輕蔑的目光。

　　商丘開沒見過大世面，說了聲來找范子華，就往裡頭走去。沒料一群門客將他攔下，又推又拉、肆意侮辱，但他毫無怒容，門客只好帶他去找范子華。

　　說明來意後，商丘開被暫時收留下來，可是，門客們仍然一找到機會就戲弄他。有一次，商丘開隨眾人登上一個高台，

不知是誰喊道：「如果有人能安然跳下去，賞他一百兩銀子。」商丘開信以為真，搶先跳下去，他身輕如燕，翩然著地，一點傷都沒有，門客們悻悻然的說：「這是只是偶然，沒什麼好驚奇的。」

事過不久，又有人指著小河深處說：「這水底有珍珠，誰拾到了歸誰。」商丘開又信以為真，他潛入水底果然拾到了珍珠。此後，門客們再也不敢小看他了。范子華也賞給了他與其他門客一樣的賞賜，要商丘開與大家一同遊樂、吃酒肉、穿綢緞。

有一天，范家起了火，范子華說：「誰能搶救出錦緞，我將依數重賞。」商丘開面無難色，在火中鑽出鑽進，安然無恙，范家的門客看傻了眼，連聲謝罪說：「您原來是個神人，就當我們是一群瞎子、聾子和蠢蛋，寬恕我們的過錯吧！」

商丘開說：「我不是神人，過去我聽說你們本領大，誰想要榮華富貴都必須按你們的要求戰戰兢兢地去做，直到現在才知道，原來我是在你們的蒙騙下莫名其妙完成了那些冒險，回想起來，真有點後悔。」說完，商丘開頭也不回地轉身離開了。

所以說，對密切交往的朋友和同事一定要仔細取捨選擇。交朋友要有知人之明，不要錯把壞人當知己，受騙上當，甚至落入壞人的圈套而不自知。

當你的朋友或同事不能真誠地待你，你又看不慣他們的行

為時，還是趁早離開他們的好。所以說，交朋友在精不在多，要誠心結交一些工作或生活上志同道合的朋友，而且要有一定的感情基礎，工作上必須能鼎力相助，而不是只建立在利益基礎之上。

要記得經常和真正的朋友保持聯繫，因為你和這些知心朋友有著共同的經歷、經過時間的考驗，記得留一定的精力不斷加深與他們之間的友誼。真正的朋友是最可靠的，因為你們之間沒有利益衝突，只有最純的友誼，任何時候，他們都能給你幫助。

言必信，行必果，硜硜然小人哉！

第六章
《論語》的決策管理智慧

　　《論語》中的決策管理智慧，其實也是值得孩子們認識的重點。也許有的家長覺得孩子還小，學習決策管理的智慧太早了，這種想法恐怕顯得缺乏遠見。早些讓孩子們理解決策和管理的過程，才能早點適應社會發展的需要。

　　面對多變的環境，青少年們學會決策，學會管理，漸漸成為一個熱門話題。培養青少年的組織管理能力是當前教育的重點之一，包括：交流能力、協調能力、合作能力、統籌能力、處理訊息能力、掌握機會能力、應變決策能力等。各種以培養未來領袖為號召的夏令營，也一窩蜂得到了家長和孩子們的熱烈參與。

　　《論語》中的「堯曰」明確提出治國的方法、途徑和心態。孔子的管理原則倡導由高尚品德的人來帶領，以潛移默化的方式影響老百姓，提升全人類的素養，用最和諧的方式來達到促進社會發展的目地。

　　孔子認為君子的三畏之首是「畏天命」。孔子所說的「天命」附屬在「規律」上。也就是說，只要跟隨了正確的規律，掌握了準確的訊息，選擇了正當的道路，就能使自己的人生和事業按照良好的軌跡自行發展，實現「無為而治」的理想目標

工欲善其事，必先利其器

論語原文

子曰：「工欲善其事，必先利其器。」

譯解

孔子說：「工匠要做好工作，必須先磨利工具。」

　　兩千多年前就有了「工欲善其事，必先利其器」的論述。「善其事」是目的，「利其器」是方法，可見做事要找對方法有多重要，孔子的智慧不得不令人感到佩服。

　　但總有一些人，只欲「善其事」卻不懂「利其器」，史書記載了這個故事：孔子的學生子貢到南邊的楚國旅遊。他在返回晉國經過漢水南邊時，看到一位老人正在為田裡的蔬菜澆水。那位老人挖了一條水溝，從田裡一直通到井邊，然後抱著

一個大水罐，從井裡汲水倒入水溝中，讓水沿著水溝一直流到菜園子裡。他不停地用水罐汲水，累得氣喘吁吁。雖然費了很多的時間，工作效率卻很低。

子貢看不下去，走過去對老人說：「老先生，現在有一種機械，用它來澆地，一天可以澆一百畝地呢，不用費很大的力氣效果卻很好，您不想使用它嗎？」

澆水的老人抬起頭，看了看子貢說：「你說的是什麼東西？」

子貢十分認真地對老人說：「將木頭砍鑿加工，做成一種機械，它的後面重，前面輕，用它來提水，就像把水從井裡連續不斷地抽吸出來一樣，水流得很快，嘩嘩捲起的浪花簡直像開水翻滾一樣呢！」

澆水的老人聽了子貢的話卻憤憤然變了臉色。他不以為然地譏笑說：「我聽師父說過，世上如果有投機取巧的機械，就一定會有投機取巧的事情；有了投機取巧的事情，就一定會有投機取巧的思想。一個人一旦有了投機取巧的思想，就會喪失做人的美德；喪失了做人的美德，就會導致性情反常；而一個人要是性情反常的話，就是違反社會和大自然，成為一個天地自然社會所不容的人。你所說的那一種機械我並不是不知道，只是因為我覺得使用它，就是在做投機取巧的事，是很可恥的。」子貢聽了這個老人的一番話，像自己做了什麼錯事一樣，

難為情地一時說不出話來。

澆水老人所說的一番道理，看起來似乎滿有邏輯的，然而就機械澆水增加效益這個題目上來看，卻顯的不合時宜。他在機械效用上借題發揮，把刁鑽、險惡與機敏、智慧混為一談，這是錯誤的。

作為現代人，我們必須瞭解「工欲善其事，必先利其器」，要知道正確的做事方法和持之以恆同樣重要！

有人問一位高爾夫球高手：「我是不是必須要多做練習？」

高手回答道：「不，如果你不先把揮桿要領掌握好，再多的練習也沒用。」

如果有人準備學高爾夫球，為了練習所需，他必須在設備、用具、教練和課程上花大筆的金錢，有時還會將昂貴的球打進池塘，更不用說學習過程中常常遭受到挫折。如果他學習高爾夫球的目的是成為一位好手，那麼這些投入是必要的，而且他還必須持之以恆，才能達到自己的目的。但是，如果他的目標只是為了每週運動兩次，減輕體重，維持身材，使自己神清氣爽的話，其實他不一定要堅持打高爾夫球，在住宅附近快走就夠了。

換句話說，目標的設定才是根本，對自己的人生方向有明確的認識非常重要。要達到目標一定要承受考驗，這句話當然沒有錯，但如果有足夠有效率的方式達到目標，卻仍要選擇艱

辛的過程，那就太不知變通了。

我們經常被教導，做事情要有恆心和毅力。「只要努力，再努力，就可以達到目的。」這些說法，我們早已十分熟悉了。但如果努力的方法沒有改變，你只會不斷地重蹈失敗，產生挫折感。我們也經常聽到「不惜代價，堅持到底」，因此那些中途放棄的人，就常常被認為「半途而廢」，令周圍的人失望。然而有時候，這些教條卻正是牽制我們獲得成功的原因。因為這些教條，我們即使有捷徑也不去走，反而捨簡就繁，還奉此為美德，加以宣揚。如此一來，可就曲解了「堅持到底」的真正意義。

我們應該調整思維，了解用簡便的方式來實現目標，其實也不算壞事。如果你選擇用簡易的方式做事，別人還像無頭蒼蠅般忙著，而你只要輕鬆地躺在樹蔭下喝著飲料，滑著手機，就完成了工作……二者相比，當然顯得你高明的多。

重點是，用簡易的方式做事不等於懶惰，投機取巧和不勞而獲的行為仍然受到反對。「一分耕耘一分收穫」沒有錯，錯的是明明放著電梯不用，卻偏要自己爬上樓梯的人。

美國成功學大師拿破崙‧希爾在《思考致富》一書中講道，他在愛迪生的實驗室中訪問他。愛迪生做了一萬多次實驗才發明了電燈。

希爾問他：「如果第一萬次實驗失敗了，你會怎麼辦？」

愛迪生回答：「我就不會在這兒與你談話了，此刻我會把自己鎖在實驗室中，做第一萬零一次實驗。」

這個小故事經常被用來談進步過程中的堅韌性格。他們會說：「每次你打開電燈的時候，都可以感受到愛迪生是一個毅力非凡的人。」

這樣的認知只對了一半。我們應該感受到的是：愛迪生並非把同一個實驗做一萬次，他是做了一萬次假設，試過一萬個不同的實驗，而且一發現不對就馬上放棄。也就是說，愛迪生手上的計畫也曾經因為發現錯誤，半途終止了一萬次。

用科學的方法「利其器」，才能達到「善其事」的目標。愛迪生和孔子都是用科學的方法進行發明創造的學者。不管手上的計畫有多精密，不對就是不對，必須不斷思考改進新計畫，才能造就最後一次的成功。僅僅知道努力是不夠的，一定要注重方法！

果決是一個人賴以建功立業的重要資本

論語原文

季康子問：「仲由可使從政也與？」

子曰：「由也果，於從政也何有？」

曰：「賜也可使從政也與？」

曰：「賜也達，於以政乎何有？」

曰：「求也可使從政也與？」

曰：「求也藝，於從政乎何有？」

譯解

季康子問：「仲由可以從政嗎？」

孔子說：「仲由果敢決斷，從政有什麼難的？」

又問：「賜可以從政嗎？」

孔子說：「賜通達事理，從政有什麼難的？」

又問：「求可以從政嗎？」

孔子說：「求多才多能，從政有什麼難的？」

　　「果決」前為「果」，後為「決」，當機立斷，行動堅決就是「果決」，果決是一種行為方式，也是一種精神品質。在孔子看來，果決和通達事理、多才多能同等重要，都是一個人賴以建功立業的重要資本。

　　美國微軟公司的總裁比爾・蓋茲當初在電子技術剛剛興起之時，他對電子軟體技術興趣十足，入迷得發狂。這時，正在哈佛讀大學的他深感研究必須專一，才能達到盡善盡美。儘管哈佛的學位十分誘人，電子軟體市場的前景卻更吸引他，於是他毅然而然決定棄學從商。從今天微軟的成就來看，蓋茲當年的果斷，令人懾服。

　　「果決」的反面是「猶疑」，機會來臨時猶豫不決，決定之後又疑神疑鬼；果決的人勇往直前，猶疑的人瞻前顧後；果決的人抱定「不成功，便成仁」的決心，猶疑的人背著「患得患失」的包袱。

　　古語說「機不可失，時不再來」，勸喻世人珍惜每一次機會。機會對於每一個人都是均等的，不同的是，聰明的人能夠發現機會，果斷的人能夠抓住機會，勇敢的人能把握機會，獲得成功；而愚昧的人無法即時發現機會，遲疑的人老是錯失良

機，至於怯懦的人，則不敢將機會變成勝利的果實。

果決的人辦事成功率高，因為他有魄力，別人不敢說的話他敢說，別人不敢做的事他衝第一個去做。這就是果決的人超群之處，正是這個超群之處為他帶來不同的機遇。

果決並非一意孤行的「盲斷」，也非逞一時之快的「妄斷」，更非一手遮天的「專斷」，果斷除了要有客觀的「事實」根據，見解高超的眼光外，同時更要有決心與魄力。世間最可憐的，是那些做事舉棋不定、猶豫不決、不知所措的人；是那些自己沒有主意，不能抉擇的人。這種主意不定、意志不堅的人，難以得到別人的信任，也就無法使自己的事業獲得成功。

優柔寡斷的人，不敢決定每件事，他們拿不準決定的結果是好還是壞，是凶還是吉。有些人的本領不差，人格也好，但就是因為寡斷，往往錯過了許多好機會，一生也未能成功。而果斷的人，即使會犯些小錯誤，也不會給自己的事業帶來致命的打擊，因為他們對事業的推動，總比那些膽小狐疑的人敏捷得多。站在河邊呆立不動的人，永遠也不可能渡過河去。

如果你有寡斷的傾向或習慣，你應該立刻下決心改正它，因為它足以破壞各種進取的機會。在你決定某件事以前，應該對這件事有個全面的瞭解，應該運用全部的常識和理智，慎重考慮，但一經決定後，就不要輕易反悔。

在做重大決定時搖擺不定、不知所措是一個人品格的致命

缺點。有這項弱點的人，從來不會是有毅力的人。這種缺點，可以破壞一個人對於自己的信賴，可以破壞他的判斷力，更會有害於他的事業。

　　要成就事業，必須學會胸有成竹，使你的正確決斷穩固得像泰山一樣。不為情感意氣所動，也不為反對意見所阻。

　　決斷、堅毅是一切力量中的力量。假如你想成就一番事業，步入成功者的行列，你必須培養堅毅與決斷的能力，否則你的一生都將漂泊不定，事業也將無所成。

人無遠慮，必有近憂

論語原文

子曰：「人無遠慮，必有近憂。」

譯解

孔子說：「一個人不作長遠的考量，很快就會面臨危機。」

「未雨綢繆」語出《詩經》：「迨天之未雨，徹彼桑土，綢繆牖戶。」指天未下雨時，先把門窗修繕好。「未雨綢繆」的思想一直是古人治世的格言。如《易・既濟・象》：「君子以思患而預防之。」《商君書・更法》：「知者見於未萌。」清代朱柏廬《治家格言》：「宜未雨而綢繆，毋臨渴而掘井。」一個人只有深謀遠慮、從整體上進行分析和判斷，顧全大局，才能做出正確的選擇和決策。如果目光短淺，就容易招致災禍。

話說，舜在成為首領以前只是庶民。他的父親叫瞽叟，母親叫握登。舜母中年而亡，瞽叟又娶了第二個妻子，生下了另一個兒子取名為象。瞽叟總是偏愛象，千方百計要把舜殺掉。

舜長大後因緣遇見了當時的君主堯帝，堯帝非常欣賞德才兼備的舜，於是把自己的女兒嫁給了的他，並賜給家產，試圖立舜為自己的繼承人。

但瞽叟殺舜之心依然未死，企圖把舜的財產和妻子奪過來給象。一次瞽叟要舜去修理穀倉的屋頂。趁舜不注意，偷偷地在下面縱火燒穀倉。而舜則早有防備，馬上用衣服裹著身子跳了下來，僥倖逃命。

後來，瞽叟又要舜去挖水井，舜受命掘了一個深井，並悄悄在下面的井壁上掘了個通往外面的暗道。一天，當舜還在井下掘土時，瞽叟與象密謀，一起把土往井裡填，企圖把舜埋在井底。井被填滿後，父子倆非常高興，以為舜必死無疑，大搖大擺的到舜住的居室去搶財產和妻子。豈料舜卻從外面回來了，使他們驚愕不已。

即使如此，舜卻仍然秉持著寬闊的胸襟，不與父親和弟弟計較。但自此他對於父子兄弟間的關係，更加警覺地處理了。自始至終，瞽叟都沒有達到他的目的，舜也在堯後成了君主。

如果舜沒有「遠慮」，不「未雨綢繆」，早作防備，肯定早被害死了，那裡還有機會繼承帝位？

　　另一個故事發生在春秋時代。當時晉國是一個大國，它的旁邊有兩個小國，一個是虞國，一個是虢國。這兩個小國互相為鄰，國君也都姓姬，因此關係一直非常密切。

　　當時虢國和晉國交界的地方經常發生衝突，晉獻公想攻打虢國。但是他剛說出這個想法，大夫荀息就勸他說：「虞國和虢國兩國唇齒相依，如果我們攻打虢國，虞國肯定會出兵救援，這樣我們不一定能佔什麼便宜。」

　　晉獻公問：「難道我們拿虢國沒辦法了嗎？」

　　荀息給晉獻公出了一條計策：「虢公荒淫好色，我們可以送給他一些美貌的歌舞女伎，這樣他就會縱情享樂，荒疏政務，我們就有機會攻打他們了。」

　　於是晉獻公依計派人送了一些歌舞女伎給虢公。

　　虢公大喜，果然成天荒淫享樂，不理朝政。

　　晉獻公問荀息：「現在可以攻打虢國了嗎？」

　　荀息說：「如果我們現在攻打虢國，虞國還是會出兵救援，我們得用計離間他們。」

　　「攻打虢國要經過虞國，我們可以向虞公送上一份厚禮，向虞國借道，這樣他們兩國就會互相猜疑，我們就可以從中取利了。」

　　晉獻公聽了，心一橫，把晉國奉為國寶的一匹千里馬和一對價值連城的白璧當作禮物，派荀息送給了虞公。

荀息到達虞國後，奉上禮物，虞公看著殿前的這匹千里馬，只見牠身長丈五，高丈餘，通體潔白無一根雜毛，馬頭高高地仰著，氣宇軒昂，似乎隨時都能乘風而去，這匹馬果然價值非凡。

　　荀息見虞公看得兩眼發直，在一旁說：「這匹千里馬日行千里，夜走八百，乃是我們晉國的國寶。」虞公聽了不停地點頭。

　　荀息又對虞公說：「您再看看這對白璧，色澤白淨如羊脂，拿在手裡觀賞，寶光奪目，溫潤可人，這麼大的白璧沒有一點瑕疵，精雕細琢渾然天成，這也是我們晉國的國寶。」虞公把白璧拿在手裡細細賞玩，看得眼珠子都要掉出來了。

　　他唯恐荀息把這些寶物要回去，急忙問荀息：「貴國送我這兩件寶物，是不是有什麼事要我幫忙？」

　　荀息恭恭敬敬地說：「我們要討伐虢國，想要向貴國借道，如果我們打勝了，所有的戰利品都送給貴國。」

　　虞公一聽，晉國的條件對虞國來說簡直不費吹灰之力，趕忙滿口答應下來。

　　大夫宮之奇勸諫虞公道：「且慢，此事萬萬不可答應，虢國和我國是近鄰，有事互相照應，兩國的關係就好比嘴唇和牙齒，嘴唇要是沒了，牙齒就會覺得寒冷；要是虢國被消滅了，我們虞國也就危險了。」

但是虞公現在所有的心思都在這兩件寶物上，吃進嘴裡的美味哪裡能再吐出來？

虞公心裡知道宮之奇說得有道理，但是他看看那匹神駿的千里馬，再看看那溫潤無瑕的白璧，沉吟了一會兒說：「晉侯把國寶都送給我們了，可見他們的誠意，雖然失去虢國這個朋友，但結交強大的晉國，這對虞國來說還是很有利的啊！」

宮之奇還想再勸諫，站在他身邊的大夫百里奚把他制止了。

散朝之後，宮之奇問百里奚：「晉國送我們禮物，明顯是不安好心，你為什麼不讓我勸諫國君？」

百里奚回答：「你看國君對那兩件寶物那麼著迷，他哪會聽你的話？」

宮之奇預見到虞國很快就要遭到滅頂之災，於是悄悄地舉家潛逃了。

過了不久，晉獻公派大將軍里克和荀息揮兵攻打虢國，晉軍借道經過虞國的時候，虞公還親自出來迎接，他對里克說：「為感謝貴國的盛情，我願意帶兵助戰。」

荀息回答道：「您要是願意幫助我們，就幫我們騙虢國打開城門吧！」虞公按照荀息的計策，帶兵假裝援助虢國，幫晉軍騙開了虢國的城門。

晉國大軍很快就滅了虢國，里克分了很多戰利品給虞公，

虞公看到一車車的金銀珠寶和美女，樂得嘴都合不攏了。虞國的攻城行動完成後，里克把大軍駐紮在虞國都城外，藉機說要休息幾天。

第二天，隨扈報告虞公：「晉獻公到城外了。」

虞公趕忙驅車出城迎接，兩位國君一見面，晉獻公對虞公說：「這次消滅虢國，貴國對我們的幫助很大，特地前來致謝，今日天氣晴朗，我們一起去打獵如何？」虞公很高興地答應了。

晉獻公又說：「圍獵必須多派些人同去，貴國士兵熟悉本地的地形，還請您多帶些人。」虞公把全城的兵馬都調出城打獵。

他們正在圍場上打獵時，忽然看見百里奚飛馳而至，他急匆匆地對虞公說：「出事了，您趕快回去吧！」

虞公趕忙回城，到城門邊一看，城門緊閉，吊橋高懸，晉國大將里克就站在城門樓上，得意洋洋地對虞公說：「上次多謝你借道讓我們滅了虢國，現在我們順手把虞國也滅了。」

虞公一聽，嚇得面如土色，他回頭一看，身邊只剩下百里奚了。

虞公想起當初宮之奇勸諫自己的話，後悔地對百里奚說：「當初宮大夫良言相勸，我怎麼就不聽呢？唉，果然是唇亡齒寒啊！」

這時候，晉獻公的人馬也到了，他見到虞公眉開眼笑地說：

「我這次到虞國來，就是要親手取回我們的兩件寶貝，不過看在你幫我們滅了虢國，並且把虞國也拱手相讓的份上，我另送你一對玉璧和一匹千里馬吧！」

我們常說，人要有長遠的目光，未雨綢繆，防患於未然。開闊思路，以全面的觀點看待事物，才能夠把握全局，正確預見未來，做出科學的決策，採取積極有效的行動。

要學會量力而行，進退有度

論語原文

子曰：「富而可求也，雖執鞭之士，吾亦為之。如不可求，從吾所好。」

譯解

孔子說：「富有如果可求，哪怕做辛苦的事，我也去做；如果不可求，就做我喜歡做的事就好了。」

　　孔子這話說得很明白，人一生中有的事是「可求」的，有的是不「可求」的：可求就去做，不可求就不去做。也就是說，我們要學會量力而行，進退有度。

　　有一道測驗是這樣的：

　　敵我雙方隔著一條河，河上有一座橋，要走完這座橋需要

兩分鐘；橋的兩頭各有一個崗哨，敵方哨兵每隔一分鐘就出來巡視一次，不但禁止我們的人過去，他們的人若要過來也會被吆喝回去。現在，我方欲派一名偵察兵過去執行任務，而且橋是唯一的通道。偵察兵如何才能順利透過？

答案其實並不複雜：我方偵察員用一分鐘走到橋中間，此時敵人的哨兵恰好出來，偵察兵見到立刻轉身往回走，這一往回走敵方哨兵以為是自己的人想要闖過去，於是把他吆喝回去。

仔細想想，這個問題卻是頗值得玩味的。類似這樣的難題，在生活中屢見不鮮。無論是在實現理想的過程中，還是在商場、情場上，抑或是在官場、球場上，我們都會遇到被對手擋住去路的問題，都會遇到別人絕不讓你過到橋的另一邊，而你就是非得過去的難題。

這樣的難題我們都遇到過不少，開始時不是一籌莫展，就是硬往前闖。硬闖，固然表現了足夠的勇氣，但在某些情況下，太過有勇氣反而顯得魯莽，會使你前功盡棄，做出毫無價值的犧牲。隨著人生閱歷的增長，特別是隨著失敗次數不斷增多，我們在遇到這種難題的時候，慢慢就學會像題目中的偵察兵一樣，在適當的時候「往回走」了。

一位著名登山家在一座八千多米的雪山上失蹤了。營地最後一次接到他的訊息是三天以前，按原計劃，他兩天前就應該

順利返回營地。然而現在已經整整三天過去了，他還是了無音訊。

「他一定是在返回的途中掉進冰谷了。」人們這樣猜測。

幾年之後，人們在半山腰找到了他的屍體和遺物。遺物中，發現了登山家的日記，最後一行寫著：「你下不來的高度，千萬別去爬！」他臨死前的遺言發人深省。

每個人的一生中都有機會去追求不同程度的目標，就如同爬山一樣，有時你追求的是陡峭的高峰，有時只是一座小山，甚至有時只是丘稜或平地。登山家追求的是世界高峰，一般愛爬山的人們卻不一定非要登上險峻的高山不可。並不是每個人都有非達到最高峰不可的必要，也並不是每個人都能夠達到最高峰。

一味追求達不到的目標，等於是用慾望綁架了自己。財富、地位、知識和道德，都代表著生命的山峰，然而到底需要爬到多高，端看每個人的具體情況而定，正因為高度不同，才顯出生命的千姿百態。一味追求最高峰，不僅泯滅了多元化的人類社會，還會帶來各式各樣的災難，比如那位遇難的登山家，爬的上去，卻下不來。因此，正確認識自己，充分瞭解自己的能力，量力而為是非常重要。

人們經常在做了百分之九十後遭逢失敗，於是失望的放棄最後可以邁向成功的百分之十。或者他們會為了一項工作，開

始學習新的技藝，在遭遇困難後失望地放棄，殊不知成果即將出現。這不但輸掉了一開始開始所有的投資，更喪失了最後可能獲得成功的喜悅。

其實，人生就是個不斷探索的過程，失敗有時並不是由於能力、學識的不足，而是因為選擇了錯誤的目標，而你所遭遇的失敗給予了你重新思考、從錯誤中解脫的良機。要知道，遭遇失敗後拒絕重新思考，愚蠢的堅持原先的方法是毫無益處的。

在擬定目標時，要記住不可讓世俗的思維奪走你的決心。假如做一張桌子能使你感到滿足，那就是一個值得完成的目標，縱使身旁的人都覺得沒有什麼價值，那也沒有關係。如果寫一本五百頁的書使你感到厭倦，可見那不是一個值得去試的目標。為什麼？因為它不能使你滿足，儘管別人認為那很重要，你也不必去管它。

凡是目標，不論大小，都有意義，只要它能使你得到成就感。目標本身沒有大小，全看你面對目標的態度。

英國詩人布朗寧在《一個數學家的葬禮》中寫道：

實事求是的人要找一件小事做，找到事情就去做；心高氣傲的人要找一件大事做，還沒找到就可能身已故。

實事求是的人一件事接著一件事做，不久就做完了一百件事；心高氣傲的人一次就要做百萬件事，結果一件也沒有實現。

這首詩說明了制定目標必須「恰當」、「現實」的重要性。不管我們是制定人生的大目標，還是不重要的小決定，都要保持一定的靈活度，量力而為，腳踏實地，可求就去做，不可求就不去做！

管理者一定要有仁愛之心

論語原文

樊遲問仁。

子曰：「愛人。」

譯解

樊遲問什麼是仁。

孔子說：「就是對人慈愛。」

孔子認為，仁者擁有慈愛的心。

春秋時期，諸侯爭奪，戰爭不斷。不僅使大批無辜民眾喪生，農業生產也受到嚴重影響，為應付戰爭和統治者的華奢的生活需要，還不斷增加老百姓的稅賦。於是，苛政殘暴，生靈

塗炭，民不聊生，百姓陷於水深火熱之中。西周初年所倡導的
「裕民」、「保民」思想，早已被統治者拋到腦後去了，對這
種狀況，孔子感到深惡痛絕。

《禮記》中記載著：孔子路過泰山，見到一位婦人在墓前
哭得非常傷心。孔子請子路去了解原因，那婦人說：「我公公
被老虎吃了，丈夫也被老虎吃了，現在兒子又死於虎口，怎能
不傷心呢？」

孔子問：「你們為什麼不搬走呢？」

婦人說：「這兒沒有苛政、也沒有剝削，我們寧願餵老虎
也不想搬走。」

事後孔子對弟子們說：「你們要記住，『苛政猛於虎』。」

「苛政猛於虎」正是孔子對春秋時期政治黑暗、民不聊生
的感想。體會當時的殘暴苛政，孔子感歎：「民之於仁也，甚
於水火。」意思是說，人民對「仁」的基本需要，甚至超過了
對於「水、火」這類物質的需要。

在孔子談論仁的多種解釋中，「愛人」最能代表孔子對於
「仁」的中心含義。在《論語》中，子張向孔子請教什麼是仁，
於是孔子對「仁者愛人」的思想進一步闡釋，就是：「恭、寬、
信、敏、惠」。意思就是恭謹、寬厚、信實、勤敏、慈惠。對
人恭謹就不會受到侮辱，待人寬厚就能得到眾人的擁護，交往
誠實則能贏得別人信任，做事勤敏就會取得成功，給人慈惠便

可適當的運用群眾力量。孔子說：能隨時隨地實行這五種品德，就可算是仁了。

恭、寬、信、敏、惠，是實踐「仁」的具體規定。其中，寬、信、惠，主要是對人而言的；而恭、敬兩項，主要是就己而言的。兩方面結合起來，才能實現「愛人」的基本要求。

領導者要為人表率

譯解

孔子說：「領導者為人表率，即使他不下命令，群眾也會跟隨著他的模式去做；領導者行為不正，即使他下了命令，群眾也不會服從。」

孔子的德治管理以教化為核心，就是說管理者必須以身作則，在道德上做出表率，用身教的方式對群眾進行教化。

在《論語》中，孔子指出：「政者，正也。子帥以正，孰敢不正？」正，是端正的意思。

孔子在管理上採取「正己」的思想，這是他在深刻體驗歷

史之後，對現實深入剖析，所做的感想。

孔子的理想社會，是統治者能夠長治久安，而被統治的人民也能安居樂業。他認為，社會能否安定富裕，關鍵在於操縱國家命運的貴族統治階級是否具有高尚的倫理道德，能否做到「敬德保民」。所以，他對當時貴族統治者的倫理道德修養，寄予殷切期望。

他認為，春秋時期的社會動亂，最主要的原因在於貴族階級之間缺乏倫理道德的高尚修養，在處理國家事務時背離了倫理道德原則。於是，綱紀不正，逐步演化成天下大亂。

要挽救這一局面，首先就需要身為統治者的貴族們對提高道德修養要有自覺，身體力行。只有這樣，才能用道德規範去指導國家事務，教化民俗。

然而，當時的統治者根本聽不進孔子的觀點，貴族們依然故我，過著豪華、腐敗的生活。

管理成敗的關鍵在於能否「正」。也就是思想正、作風正、行為正，從而實現統一意志、統一步調、統一行動。一個組織，能不能實現「正」，關鍵在管理者。

只要管理者帶頭端正自己的思想、作風、行為，那麼，誰敢不正呢？當管理者自身端正，做出表率，不用下命令，被管理者也會跟著行動起來；相反，如果管理者自身不端正，而要求被管理者端正，那麼，縱然三令五申，被管理者也不會真正

服從的。

　　領導者的一舉一動都受到部下的注意，在這種情形之下，如果以適宜的態度或行動出現在部下面前，就會立刻鼓舞士氣，組織就會更加牢固。

　　古時候唐太宗十分嚴格地自我要求。他說過：「身為國君必須先以人民的生活安定為念。一邊壓榨人民，自己卻過著奢侈浪費的生活，這種作法，就像是割自己腿上的肉來吃一樣，雖然吃飽了，身體也毀壞了。倘若希望天下太平，首先必須端正自己的姿態。我們從沒聽過直立的身體會映出彎曲的影子，也沒聽說過在端正的君主治理下，百姓會胡作非為。」

　　「一個國家會走到自取滅亡，原因多是當政者只顧滿足自身的慾望。天天忙於吃山珍海味，溺於歌舞昇華之中，人的慾望越發膨脹後，費用也將隨之增加。無暇顧及政治的結果，使人民陷入困苦的地獄，這個時候，國君只要一說出不合理的話，人民的心就馬上起伏不定，謀反的人趁機出現。有鑒於此，我極力壓抑自己的慾望。」

　　魏徵聽後說：「自古以來被尊崇為聖人的君主，都努力實踐端正自己行為這件事，才能夠開創理想的政治。從前楚莊王問詹何政治的要義，詹何回答他，君主首先要端正自己的行為。楚莊王又問他具體的政策，他的回答也是，從未聽過國君本身行得正而國家混亂的事情。陛下所說的，正和古代賢者的意思

相同。」

由此觀之，如果領導者能夠率先做出表率，修正自己的行為，那麼部下就會群起傚法，端正自己的品格行為。

在戰場上更是如此。

戰國時代兵法家尉繚子曾說過：「指揮作戰的將領，必須以自己的行為作為教育部下的模範。這樣做，他指揮部隊時就能夠像心臟指揮四肢一樣運用自如。」

何謂「其身正」？平時，將帥帶兵，在起居飲食上要和士兵打成一片，愛護士兵，尊重士兵，與士兵同甘共苦。井沒有挖成，將帥不說口渴；帳沒有搭好，將帥不說勞累；灶沒有建好，將帥不說飢餓。

這樣，做將帥的與士卒同寒暑、勞苦、饑飽，三軍必然士氣高漲，聽到進軍的鼓聲就歡欣鼓舞，聽到退軍的鼓聲就心中抑鬱。攻敵高城時，儘管敵人的箭矢如雨，但士卒都能爭先登城，與敵肉搏。他們並不是不怕死、不怕受傷，而是因為將領能體諒他們的感受，相信將領對他們的勞苦能做出公正的評斷。

「其身正」也代表，在危難時刻不僅能甘苦與共，還要身先士卒。當失敗之勢已顯，士兵恐懼畏敵，只要將帥奮勇當先，眾人就會變得勇敢並為其所用。

「桃李不言，下自成蹊」，領導者的力量是無窮的。我們

既需要用綱領來啟發群眾，用宣言來組織力量，用決議來調動兵將，作為領導者更必須以自身的言行作為示範，取得人民信賴，促進目標實現。

　　一位高明的管理者，既重視言教，更重視身教。權威，就是權力與威信的結合，在權利既定的條件下，應靠自己的行動和政績去樹立威信，與群眾建立密切關係，培養上下間的信任感、親切感，進而把精神變成巨大的物質力量。

嚴於律己，寬以待人

論語原文

子曰：「躬自厚而薄責於人，則遠怨矣。」

譯解

嚴格要求自己，而寬以待人，這樣別人就不容易怨恨你了。

唐代大文學家韓愈說過：「古之君子，其責己也重以周，其待人也輕以約」就是從孔子這句話闡釋而來的，意思是說：古代的君子要求自己既嚴格又周全，對別人的要求既寬容又平易。

我們生活在現代，同樣也應該把「責己也重以周」、「其待人也輕以約」作為一種美德，並加以發揚。

一位美女長得再國色天香，任何人拿著放大鏡對著她的臉龐觀察，一定都非常失望，因為我們所看到的是坑坑窪窪、凹凸不平的毛細孔；但如果我們拿的是望遠鏡，觀察的是遠處的高山，我們看到的將是青山綠水，綠蔭蔥蔥，彷彿人間仙境，令人流連忘返。

　　在與人交流的過程中，有些人總是拿著放大鏡看別人，令對方原形畢露，一無是處，弄得自己無法信任他人，無法交到朋友；相對的，有些人拿著望遠鏡，卻始終都能欣賞到別人美好的一面，這樣不拘小節的個性總能使賓主盡歡。

　　但這並不表示放大鏡就應該被丟棄，而是應將放大鏡的焦點對準自己。如果能虛心地請求他人對自己提出最嚴厲的批評，這樣放大鏡和望遠鏡就能同時發揮最大的效用。

　　人與人相處，甚或是上下級間的相處，難免會有各種矛盾與糾紛，為人處世應該多替他人考慮，多從他人的角度看待問題。一旦發生了矛盾，應該多做自我檢討，而非一味指責別人的不是。責己嚴，待人寬，這是保持和諧的人際關係所不可缺少的原則。對待部屬也應如此。「人非聖賢，孰能無過」，當部屬犯了過錯，只要不是涉及非常重大的原則性問題，該放過的還是得放過，這樣一來也可以招攬人心，讓部屬死心塌地跟著你，或許將來這位部屬就是自己日後的貴人呢！

　　一般用人者，都希望部屬建功，不願他犯錯，也不容他犯

錯。然而善於用人者，卻能寬大處理部屬的過錯，部屬也因此
更加死心塌地地跟隨自己。

春秋戰國時代，有一回楚莊王舉行宴會，招待他的得力臣
下。他讓自己心愛的寵妾為眾人斟酒，以助酒興。

夜幕初降時，眾人已有幾分醉意，這時，一陣風吹滅了燭
火，黑暗中，有人藉著酒意，趁機拉住寵妾的衣袖，但被她掙
脫了。她不甘受辱，順手拉斷了那人的帽纓握於手中。

燭火點燃之前，楚莊王的愛妾來到座前，拿出帽纓，要楚
莊王查出此人，嚴加懲處，為自己出氣。雖然她是悄聲說話，
但坐在楚莊王旁邊的臣下們已猜出幾分，不禁替那位冒失的人
捏了一把冷汗。而那個人早已嚇得冷汗淋漓，面如土色。氣氛
十分緊張，楚莊王卻不動聲色，似乎什麼事都沒發生。

楚莊王大聲下令：「今天，有這麼多的勇將良臣與我共飲，
我覺得十分痛快。咱們繼續喝，不醉不罷休。還有，誰不把帽
纓扯斷，誰就沒有痛飲盡歡，我就要罰他！」

所有的臣子們都拉斷了自己的帽纓，放膽狂飲，直喝到站
也站不穩了才盡興離去。

不久之後，在楚國圍困鄭國的一場重要戰爭中，有一位武
士特別勇敢，帶頭衝入敵陣，交鋒數個回合，便殺了五個敵人。
他的神勇鼓舞了楚軍將士的鬥志，大家齊聲吶喊，衝向敵軍。
鄭國軍隊被嚇得亂了陣腳，丟盔棄甲，狼狽而逃，楚軍因而大

獲全勝。楚莊王知道後，派人獎勵這位武士，一打聽才知道，原來他就是上次宴會上帽纓被自己的愛妾拉斷的人。

　　試想，如果楚莊王為那次宴會上的小事而責罰那位武士，可能就沒有他後來在戰場上如此神勇的表現了，楚莊王對部下的寬容，收服了這位日後的貴人。

　　作為上司必須大度，對人不過分嚴厲，才能使你的部屬甘心為你服務。古來仁人智者，都深明此理。群眾的眼睛是雪亮的，身處高位的主管，往往是人們注意的目標，你的一舉一動都受到人們的注意，你是否寬容地對待他人，大家都看得一清二楚。再加上你身為榜樣，人們對你的言行舉止都是很挑剔的，稍有不慎，別人就會抓住你的把柄。

　　所以，寬以待人，更能夠幫助你深得人心，與大家打好關係。自己的缺點往往最難以發現，別人的缺點卻總能看得一清二楚，所以在批評他人的時候，容易忽視自身缺點，嚴厲地指責他人的過錯。這樣做，一旦超出了別人所能忍受的範圍，會引起別人的厭惡與反感，喪失說服力。所以要給他人留面子，要多體貼人，不要過份指責別人的過失，不去攻擊別人的私事，更不要去揭別人的舊瘡疤。

　　能夠寬容的對待部屬的人，必能得到部屬的衷心擁護。荀子說過：「君子賢而能容罪，智而能容愚，博而能容淺，粹而能容雜。」這揭示的是一個做人的道理，更是用人的道理。

用優秀的個人品格樹立威信

論語原文

子曰：「道之以政，齊之以刑，民免而無恥；道之以德，齊之以禮，有恥且格。」

譯解

孔子說：「用政令來管理，用刑罰來約束，老百姓雖然不敢犯罪，但是不以犯罪為恥。而用道德來教導，用禮儀作規範，老百姓不僅遵守法紀，還能有有廉恥之心。」

對於現代管理者來說，不妨把它理解為：用優秀的個人品格樹立威信，比嚴肅的紀律和苛刻的懲罰更有效。

那麼，在日常生活中，身為管理者，怎樣才能用優秀的個人品格樹立威信呢？

一、表現出你對部屬的關心。你應該使你的部屬都相信你是關心他們的，這就要求你必須採取具體行動，而不能僅憑幾句空話了事。簡單來說，就是在對待公司員工時，應該把他們當作你所關心的人來對待，而不能單純看成是創造利潤的機器。

具體一點的說，你或許要允許公司裡有價值的職員使用公費去度假，或者允許他帶著妻子一起去出差，或者將你的海濱別墅借給員工去度週末。即使這樣做看起來好像不太划算，但從另一種角度來看，這或許也代表著員工們毫不動搖的忠誠。

幾年前，一個公司的總經理面臨一場小規模的危機。雄心勃勃的年輕經理們堅決要求總經理將幾個服務了二十多年的老部屬解雇。這些年輕的傢伙而蠻橫地說，那些老傢伙的大好時光已經過去了，如果把他們解雇了，給他們的薪水就可以投入更賺錢的領域。

總經理知道這些年輕人的話可能是正確的，但是他下不了決心把這些忠心耿耿跟隨了他這麼多年的老戰友們一腳踢掉。於是他堅持留用所有員工，並且帶領大家一起走出了營運的低谷。

這件事之後，在那些年輕人心目中，他的領導威信更加提高了，因為在面臨壓力的情況下，他並沒有拋棄老部屬，每個人都會老的，這些年輕人也會想到自己的將來。所以，跟著這

樣一位老闆，並為他獻出忠誠是值得的。

二、準確地為部屬描繪宏偉藍圖。你必須能夠準確地向部屬傳達你的意思。作為一個領導者，你應該為你的部屬們描繪出一個十分廣闊的藍圖：「五年後，我們公司將會是這樣的⋯⋯」

一個有效率的老闆，在為員工們描繪宏偉藍圖的同時，也會同時提出比較具體的細節。這些細節問題，不是「想像」，它將成為員工們今後必須逐步去執行的工作。

三、讓部屬感到公平。你必須使部屬確信，如果他們努力工作，就會受到表揚，如果他們不努力工作，將會受到處罰。在軍營中，所謂獎懲就是代表榮譽和勇敢行為的獎章。在公司裡，就是各種頭銜和酬勞，當然，這也意味著要給員工一種始終被公平對待的感覺。

有能力的老闆在獎懲員工時，很少會出人意料。對自己有所期許的員工總是會不斷地提醒自己：什麼是他們所期望得到的，應該怎樣做才能夠得到這些東西。如果員工們做錯了，但作為主管卻不指出他們的錯誤，反而令員工誤以為自己所從事的是十分重要的工作，這樣的做法是十分錯誤的，可能造成巨大的反作用力。

四、你必須懂得何時發動進攻。時機的掌握在工作場合裡非常重要，比如說在什麼時候，你應該採取溫和一點的路線；

在什麼時候，你應該採取強硬一點的作風；在什麼時候，你應該表現得積極進取、勇敢自信；而在什麼時候，你又應該表現得收斂一些，不過分參與某項活動；在什麼時候，你應該絕對地做到全神貫注和全力以赴；而在什麼時候，你又應該放鬆自己，因為這樣可能會更好一些。一個好的領導者就具備了這些能力。

只要你掌握了發動進攻的時機，你就擁有了可以用來考察員工素質最簡便的方法，這也是一種領導素質。如果員工向你提出了一個方案，而這個方案又確實是可行的，並且為你帶來了很大效益，這就說明那個員工很有能力，一旦情況適合，你就可以啟用他，而不必擔心手底下沒有人才。

五、和部屬一起分擔風險。必須能夠使你的部屬知道，你是在和他們一起承擔風險。身為戰場上的將軍，你必須親臨戰場，而不是躲在大後方。若是公司的老闆，部門的主管，你就必須走在員工的面前，作為行動的表率。

不知道你是否注意過為什麼那些受人尊敬的老闆如此受員工的敬愛。他們可以在公司做任何工作，從倉庫管理員到一般人員的隨從或助手，他們都做得來，從來不怕表現這個。他們不僅只將風險分給大家，自己同時也在承擔風險，大家彼此是公平的。就是這種不分階層，對自己對員工都一視同仁的作法贏得了大家的尊敬。

子曰：有教無類：論語要教孩子的事

雅致風靡　典藏文化

親愛的顧客您好，感謝您購買這本書。即日起，填寫讀者回函卡寄回至本公司，我們每月將抽出一百名回函讀者，寄出精美禮物並享有生日當月購書優惠！想知道更多更即時的消息，歡迎加入"永續圖書粉絲團"您也可以選擇傳真、掃描或用本公司準備的免郵回函寄回，謝謝。

傳真電話：（02）8647-3660　　　電子信箱：yungjiuh@ms45.hinet.net

姓名：		性別：　□男　　□女
出生日期：　　年　　月　　日　電話：		
學歷：		職業：
E-mail：		
地址：□□□		
從何處購買此書：		購買金額：　　　元
購買本書動機：□封面 □書名 □排版 □內容 □作者 □偶然衝動		
你對本書的意見： 內容：□滿意□尚可□待改進　　編輯：□滿意□尚可□待改進 封面：□滿意□尚可□待改進　　定價：□滿意□尚可□待改進		
其他建議：		

總經銷：永續圖書有限公司

永續圖書線上購物網
www.foreverbooks.com.tw

您可以使用以下方式將回函寄回。

您的回覆，是我們進步的最大動力，謝謝。

① 使用本公司準備的免郵回函寄回。

② 傳真電話： (02) 8647-3660

③ 掃描圖檔寄到電子信箱：

yungjiuh@ms45.hinet.net

沿此線對折後寄回，謝謝 。

廣 告 回 信
基隆郵局登記證
基隆廣字第056號

2 2 1 0 3

雅典文化事業有限公司 　收
新北市汐止區大同路三段194號9樓之1

雅致風靡　典藏文化